histoire de madame
henriette d'angleterre
la princesse
de montpensier
la comtesse de tende

De Claudine Herrmann :

Aux éditions Latomus, Bruxelles :

Le rôle judiciaire et politique des femmes sous la République Romaine.

Aux éditions Gallimard :

L'Etoile de David.
Maître Talmon.
Le Cavalier des Steppes.
Le Diplôme.
Les Italiens, de Luigi Barzini (traduction).

Aux éditions des Femmes :

Les Voleuses de Langue.
*Ourika de M*ᵐᵉ *de Duras* (édition).
Corinne ou l'Italie (édition).

madame de la fayette

histoire de madame henriette d'angleterre la princesse de montpensier de montpensier la comtesse de tende

une édition féministe de
claudine herrmann

des femmes

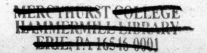

ISBN 2-7210-0167-1

Madame de La Fayette
et ses héroïnes tristes

La Princesse de Montpensier est la première œuvre de Madame de La Fayette. Elle parut en 1662. L'auteur avait vingt-huit ans et cachait soigneusement son activité littéraire. Un valet vola le manuscrit et le fit lire à quelques personnes. Madame de La Fayette écrivit alors à Ménage : « Cet honneste Ferrarois quy estait à moi m'a desrobé une copie de *La Princesse de Montpensier* et l'a donnée à vingt personnes. Elle court le monde ; mais par bonheur ce n'est pas sous mon nom. Je vous conjure, si vous en entendez parler, de faire bien comme si vous ne l'aviez jamais vue et de nier qu'elle vienne de moy si par hasard on le disoit. »

Peut-être Madame de La Fayette craignait-elle la colère de la Duchesse de Montpensier, mais l'explication généralement donnée à ce reniement est que la noblesse avait quelque mépris pour la littérature. Emile Magne écrit :

« Ainsi désavouait-elle son œuvre, attitude dans laquelle elle persévéra plus tard, en grande dame qui peut se divertir à écrire, mais qui décherrait en faisant profession d'auteur... » Pourtant, il ne semble pas que, ni Montaigne, par exemple, qui avait tant de prétentions nobiliaires, ni La Rochefoucauld aient jamais désavoué leurs livres. Saint-Simon, certes, s'est dissimulé, mais il avait pour cela des raisons politiques qui n'échappent à personne. On sait que Louis XIV lui-même ne dédaigna pas d'écrire ses mémoires...

D'un autre côté, Madame de Villedieu n'hésitait pas à signer ses romans... Mais que pouvait-on contre elle? Elle n'était rien et n'avait rien à perdre. Plus une femme approche le pouvoir, plus elle est tentée de s'associer aux préjugés de la classe dirigeante qui est toujours virile et de se renier. Cela est encore vrai aujourd'hui.

La Princesse de Montpensier de même que *La Comtesse de Tende,* parue après la mort de l'auteur en 1724 est une nouvelle et non pas un roman comme *Zaïde* et *La Princesse de Clèves* parues entre-temps. Ceci n'est pas indifférent car à cette époque la conception du roman et celle de la nouvelle diffèrent profondément.

Segrais écrit en effet :

« Il me semble que c'est la différence qu'il y a entre le roman et la nouvelle que le roman écrit les choses comme la bienséance le veut et à la manière du poète; mais que la nouvelle doit un peu davantage tenir compte de l'histoire et s'attacher plutôt à donner des images des choses comme d'ordinaire nous les voyons arriver que comme notre imagination se les figure. »

On comprend ainsi que tandis que *Zaïde* et *La Princesse de Clèves* contiennent la vision de l'auteur, *La Princesse de Montpensier* et *La Comtesse de Tende* soient plus proches de la réalité. Cependant, la relation de faits véritables ne se trouve que dans *l'Histoire de Madame Henriette d'Angleterre.* Si les aventures des personnages en cause (la princesse de Montpensier, la comtesse de Tende et leurs entourages) sont aussi imaginaires par rapport à l'histoire que celles des personnages des romans, le réalisme — ou ce qui est tenu pour tel en littérature — intervient dans les caractères.

C'est peut-être pourquoi ces deux nouvelles ont été relativement négligées : ici, point de héros qui étonne, mais une société cruelle, superficielle, et dont le seul intérêt véritable est l'amour-propre qui prend parfois le visage de la passion. Les premières victimes sont bien entendu les femmes. Quel chemin intérieur a mené Madame de La Fayette de *La Princesse de Montpensier* à *La Comtesse de Tende*, c'est ce qu'on aimerait rechercher.

La princesse de Montpensier est entourée de quatre hommes : son mari, le comte de Chabanes, le duc d'Anjou et le duc de Guise. Chacun la veut pour soi. Surprise par son mari dans un rendez-vous avec le duc de Guise, elle mourra de chagrin, abandonnée par lui.

J'ai, pour ma part remarqué que ces hommes marchaient deux par deux et que les seuls termes d'affection véritable se trouvaient pour qualifier le sentiment du duc de Montpensier à l'égard du comte de Chabanes. Ainsi lit-on :

« Le Prince de Montpensier, dans sa plus tendre jeunesse, avait fait une amitié très particulière avec le comte de Chabanes qui était un homme d'un âge beaucoup plus avancé que lui et d'un mérite extraordinaire. » Et encore : « Il eut beaucoup de joie à revoir le comte de Chabanes pour qui son amitié n'était pas diminuée. » Enfin : « Et vous, Madame, dit-il à la princesse en se tournant de son côté, n'était-ce point assez de m'ôter votre cœur et mon honneur, sans m'ôter le seul homme qui me pouvait consoler de ces malheurs? »

Le deuxième couple d'hommes est constitué par le duc de Guise et le duc d'Anjou. Bien qu'aucune vérité historique ne soit recherchée, on est cependant obligée de se demander pourquoi Madame de La Fayette a choisi pour en faire l'amoureux de la princesse, le futur Henri III, homosexuel notoire à qui et aux amis de qui, la langue française doit la mise à la mode d'une série de termes intéressants, tels que « son excellence » qui permettent de s'adresser à un homme au féminin. Or il nous semble que le duc d'Anjou, premier prince du sang, a beaucoup à voir avec Monsieur frère du roi, tel qu'il apparaît dans *L'Histoire de Madame Henriette* :

« Monsieur, frère unique du roi, n'étoit pas moins attaché à la reine sa mère; ses inclinations étoient aussi conformes aux occupations des femmes que celles du roi en étoient éloignées. Il étoit beau et bien fait; mais d'une beauté plus convenable à une princesse qu'à un prince... »

Ce prince (comme le duc d'Anjou) a un favori : le comte de Guiches. Madame de La Fayette ne laisse aucun doute sur la nature de leurs relations :

« Le comte de Guiches étoit en ce temps-là son favori. C'étoit le jeune homme de la cour le plus beau et le mieux fait, aimable de sa personne; galant, hardi, brave, rempli de grandeur et d'élévation : la vanité que tant de bonnes qualités lui donnoient, et un air méprisant répandu dans toutes ses actions, ternissoient un peu ce mérite; mais il faut avouer qu'aucun homme de la cour n'en avoit autant que lui. Monsieur l'avoit fort aimé dès l'enfance, et avoit toujours conservé avec lui un grand commerce, et aussi étroit qu'il y en peut avoir entre de jeunes gens. » Si la discrétion de Madame de La Fayette laissait un doute, il serait levé par des phrases telles que celles-ci :

« le miracle d'enflammer le cœur de ce prince n'était réservé à aucune femme du monde... » et encore : « Monsieur étoit extrêmement jaloux du prince de Marsillac, aîné du duc de la Rochefoucauld, et il l'étoit d'autant plus, qu'il avoit pour lui une inclination naturelle, qui lui faisoit croire que tout le monde devoit l'aimer... »

Au reste, chacun sait que Monsieur était homosexuel, pourquoi Madame de La Fayette aurait-elle été seule à l'ignorer ? L'intérêt est que cette particularité ne l'empêchera pas d'être jaloux de Madame par le comte de Guiches comme le duc d'Anjou est jaloux de la princesse de Montpensier par le duc de Guise.

Monsieur se brouillera définitivement avec le comte de Guiches comme le duc d'Anjou avec le duc de Guise.

Du reste, en publiant *La Princesse de Montpensier*, Madame de La Fayette redoutait la colère de Madame. Madame, heureusement, ne se reconnut pas. Pourtant, cette inquiétude de l'auteur prouve bien que c'est cette situation bizarre, d'être aimée par un homme et par son favori, que Madame de La Fayette a voulu examiner, redoublant encore l'affaire par la présence de l'autre couple formé par le prince de Montpensier et le comte de Chabanes.

Comment la princesse aurait-elle pu être véritablement aimée par des hommes qui ne s'aiment qu'entre eux ?

La princesse n'aura été pour les deux jeunes ducs qu'un gibier un peu plus délicat que les autres, et, à la chasse, les deux seigneurs auront piqué leur amour-propre. Ils ont en effet aperçu la princesse quand elle regardait prendre un saumon lui aussi métaphorique et le jeu s'est déclenché aussitôt :

« Cette aventure donna une nouvelle joie à ces deux jeunes princes et à tous ceux de leur suite. Elle leur parut une chose de roman. Les uns disaient au duc de Guise qu'il les avait égarés exprès pour leur faire voir cette belle personne ; les autres, qu'il fallait, après ce qu'avait fait le hasard, qu'il en devint amoureux ; et le duc d'Anjou soutenait que c'était lui qui devait être son amant. »

L'amitié entre les deux jeunes ducs ne survivra pas aux conflits d'amour-propre qui font en passant une nouvelle victime : Madame, sœur du roi.

Le seul homme sensible de cette affaire est le comte de Chabanes. Aussi a-t-il quelques liens avec l'hérésie et mourra-t-il pendant la nuit de la Saint-Barthélémy... Et on ne manquera pas d'observer que c'est avec lui que la princesse est cruelle. Reportons-nous alors aux autres héroïnes cruelles de Madame de La Fayette : l'une est Madame de Tournon dans *La Princesse de Clèves*, l'autre, Nugna Bella dans *Zaïde*. Madame de Tournon, qui est veuve et fiancée à Sancerre, n'ose pas rompre avec lui quand elle lui préfère Estouteville. Nugna Bella agit de la même façon envers Consalve quand elle a choisi don Ramire. Mais ces deux femmes ont des motifs puissants pour agir de la sorte : Madame de Tournon est préoccupée de sa réputation avant toute chose au point de ne pas vouloir paraître faire un remariage par amour :

« Elle faisait valoir à Estouteville de cacher leur intelligence et de paraître obligée à l'épouser par le commandement de son père, comme un effet du soin qu'elle avait de sa réputation... » Il lui faut donc éviter à tout prix le scandale que pourrait causer Sancerre à la suite d'une rupture. Mais est-elle responsable du rôle de prude que la société exige d'elle ?

Quant à Nugna Bella, on s'aperçoit rapidement que sa cruauté est dictée par don Ramire (le rival heureux) à qui elle écrit : « Je ne sais pas si je dois vous remercier de la permission que vous me donnez de témoigner de la douleur à Consalve quand il partira. J'eusse été bien aise que vous me l'eussiez défendu pour avoir quelque raison de ne pas faire une chose qui me donnera tant de contrainte. »

A présent nous pouvons nous demander pourquoi la princesse de Montpensier est cruelle en obligeant le comte de Chabanes à la servir dans sa liaison avec un autre.

C'est que la princesse, par les soins de son époux, est seule à Champigny sous la garde de Chabanes. A qui voudriez-vous qu'elle s'adresse sinon, selon la tradition, à ce geôlier placé auprès d'elle et qui, malgré sa passion déclarée, évoque pour moi irrésistiblement Mr de Charlus accompagnant Odette à la demande de Swann, ce qui expliquerait aussi la modération du prince quand il trouve Chabanes auprès de sa femme la nuit. Peut-être l'hérésie du comte n'est-elle pas seulement religieuse... Au reste, il est bien montré aussi que le prince n'est jaloux de sa femme que par devoir.

Quant au duc de Guise, aimé de la princesse, il se consolera, bien avant qu'elle ne meure de chagrin avec la marquise de Noirmoutiers... Comme dans *Hiroshima mon amour*, de Marguerite Duras, la guerre est ici une métaphore de l'amour :

« Pendant que la guerre civile déchirait la France sous le règne de Charles IX, l'Amour ne laissait pas de trouver sa place parmi tant de désordres et d'en causer beaucoup d'autres dans son Empire... » Il nous est même suggéré que la cause lointaine de l'assassinat du duc de Guise est sa rivalité avec le futur roi Henri III.

Pour la comtesse de Tende, elle mourra aussi de chagrin, mais du moins, et c'est là le changement par rapport aux autres œuvres de Madame de La

Fayette, aura-t-elle vécu sa passion, ce que n'ont fait ni la princesse de Montpensier ni la princesse de Clèves ni Zaïde ni Belasire.

Elle n'en sera pas plus avancée pour cela : la voilà grosse et contrainte à l'aveu que la princesse de Clèves avait fait volontairement à son mari. La voilà poussée au désespoir et aliénée dans les valeurs viriles au point de se réjouir de la mort de son enfant bâtard et de sa propre mort. Si la comtesse de Tende est moins spiritualisée que la princesse de Clèves, elle offre une image de la passion moins haute peut-être, mais plus accessible. La société française de cette époque était si habituée à se contraindre que Madame de La Fayette a choisi une Italienne pour son propos : la comtesse de Tende est née Strozzi. Cela en dit long.

Autre nouveauté par rapport aux œuvres précédentes : les relations entre deux femmes dont l'une, la princesse de Neufchâtel est l'épouse du chevalier de Navarre, et l'autre, sa maîtresse.

Ces deux femmes s'aiment et se jalousent. A l'encontre des hommes pour qui tout se juge par amour-propre, la comtesse de Tende est dévorée de remords à l'égard de son amie. Ces remords n'empêcheront pas la passion; ils ne feront que la rendre plus amère.

En passant de *La Princesse de Montpensier* à *La Comtesse de Tende*, Madame de La Fayette est passée de l'univers des hommes à l'univers des femmes. Voici le moment d'étudier les relations intervenues entre Madame de La Fayette et Madame de Sévigné. C'est un lieu commun dans la critique (on peut voir à ce sujet *Madame de La Fayette en ménage* d'Emile Magne) que Madame de La Fayette a été jalouse des assiduités de Ménage auprès de Madame de Sévigné. Cette idée a été reprise en particulier par André

Beaunier dans son édition des lettres de Madame de La Fayette (Gallimard 1942). On trouve cette remarque dans le tome I, page 87 :

« Le retour de la marquise de Sévigné à Paris semble tracasser Madame de La Fayette qui laisse percer quelque dépit. »

Si l'on se reporte alors à la lettre à Ménage qui provoque ce commentaire (n° 49), on y lit :

« Prenez-vous en à la poste, quand vous ne recevrez pas mes lettres. J'en ay eu aujourduy de Mme de Sévigné, datées de Paris, et elle me mande aussi bien que vous qu'elle y est arrivée en bonne santé; l'on se porte toujours bien, quand on arrive à Paris. »

On se demande en quoi cette observation témoigne d'un dépit. Il n'y a pas une seule phrase dans toute la correspondance de Madame de La Fayette qui soit malveillante à l'égard de Madame de Sévigné...

Par exemple (lettre 21) :

« Vous ne voyez pas si rarement Mme de Sévigné que vous n'eussiez pu apprendre d'elle que j'estois accouchée; mais je croy que ce qui est cause que vous ne l'avez pas sçu est que vous ne parlez guère de moy lorsque vous estes auprès d'elle. *Je vous pardonne de tout mon cœur cet oubly-là, car il est vray qu'elle est bien capable de faire oublier les autres.* »

Ou encore (lettre 69) :

« Madame de Sévigné s'est chargée de me chercher une maison; mais quand vous vous en meslerez, cela ne gastera rien. Je voudrois fort me loger proche de Mme de Sévigné, c'est-à-dire vers la place Royale... »

La vérité semble être que le vaniteux Ménage a tout fait pour provoquer la jalousie (le pas aussitôt emboîté par la critique) mais qu'il n'y est jamais parvenu parce que les deux femmes s'aimaient.

Comment interpréter autrement cette phrase du *Portrait de Mᵐᵉ de Sévigné écrit par Mᵐᵉ de La Fayette sous le nom d'un inconnu :* « Vous êtes naturellement tendre et passionnée; mais, à la honte de notre sexe, cette tendresse nous a été inutile, et vous l'avez renfermée dans le vôtre, en la donnant à Madame de La Fayette... » et surtout cette dernière lettre à Madame de Sévigné (369) :

« Croyez, ma très chère, que vous estes la personne du monde que j'ay le plus véritablement aimée... »

Tendre amie de Madame de Sévigné, amie aussi du duc de la Rochefoucauld, il semble que Madame de La Fayette ait réussi — peut-être au prix de combats ignorés — à éviter les passions redoutables qu'elle inflige à ses héroïnes. Peu d'auteurs ont témoigné avec autant de force d'une impossibilité métaphysique de l'amour : le prince de Clèves n'aime la princesse que parce qu'elle lui échappe, le duc de Nemours parce qu'elle lui résiste; Alphonse détruit lui-même le sentiment que lui porte Belasire; le duc de Guise, sachant que la princesse de Montpensier l'aime, l'oublie aussitôt; le comte de Tende n'a de passion pour sa femme que lorsqu'elle s'éprend d'un autre... Zaïde seule est épargnée, mais le roman s'arrête au moment de son mariage.

L'amour, par essence est toujours désespéré.

Le seul ouvrage qui donne une autre pensée est *Isabelle ou le journal amoureux d'Espagne,* attribué à Madame de La Fayette par Marc Chadourne (Pauvert, 1961). On y lit par exemple ceci :

« Le mariage qui est un grand préservatif contre une longue amour et qui devient pour l'ordinaire le tombeau de la complaisance, des petits soins, et de tous ces autres agréables amusements dont l'amour galant s'avise avant qu'il ne soit engagé, faisait à don

Alphonse les effets tout contraires. Bien loin de devenir plus audacieux, moins civil, et moins honnête, comme l'ordinaire des maris, il donnait tous les jours de nouvelles marques de respect et de soumission. Et la possession d'Isabelle, lui faisant découvrir mille charmes secrets dans cette aimable personne qui lui avaient été inconnus jusqu'alors, ne le mettait pas seulement à couvert des dégoûts qui suivent ordinairement la possession de ce que l'on aime, mais elle allumait tous les jours des feux nouveaux dans son âme, qu'Isabelle ménageait infiniment bien » (page 83).

Dans ce seul ouvrage dont l'attribution est incertaine, il faudrait admettre que Madame de La Fayette contredise tout le sens de son œuvre et ceci dans une langue lourde et vague (« elle allumait tous les jours des feux nouveaux ») contenant une métaphore banale (« le mariage est le tombeau... ») à la mode précieuse dont on ne trouve pas un seul exemple dans l'œuvre de l'auteur présumé.

De plus, Isabelle dissimule gratuitement à ses deux amoureux le choix qu'elle a fait d'un troisième alors que son mariage avec celui-ci est sur le point d'être annoncé. Il s'agit là d'un conformisme du caractère féminin — dissimulé « par nature » — totalement inconnu de Madame de La Fayette qui essaie toujours de faire comprendre les motifs de ses personnages. Enfin, cette héroïne qui rit, contrairement à toutes celles de Madame de La Fayette, déclare :

« Vous savez combien j'ai toujours été ennemie de l'amour et combien de fois je vous ai dit que c'était une faiblesse qu'il fallait laisser aux petites gens, et une tache que je voudrais qui ne fût pas dans les grandes âmes... »

Or, chez Madame de La Fayette, ce sont plutôt les

grandes âmes qui éprouvent de l'amour et échappent aux « galanteries » tandis que l'auteur d'Isabelle ne semble pas faire de différence. Isabelle nous paraît être une caricature assez grossière de *Zaïde*, ce qui explique qu'on y ait repris les noms de Don Ramire et d'Alphonse et, c'est pourquoi nous croyons devoir rejeter ce livre de toute étude concernant Madame de La Fayette.

Voilà où mène la critique féministe...

2 juillet 1979
Claudine Herrmann

HISTOIRE DE MADAME HENRIETTE D'ANGLETERRE [1]

PREMIÈRE FEMME DE PHILIPPE DE FRANCE DUC D'ORLÉANS

Préface de *l'Histoire de Madame Henriette*

Henriette de France, veuve de Charles Ier, roi d'Angleterre, avait été obligée, par ses malheurs, de se retirer en France, et avait choisi, pour sa retraite ordinaire, le couvent de Sainte-Marie de Chaillot : elle y était attirée par la beauté du lieu, et plus encore par l'amitié qu'elle avait pour la mère Angélique *, supérieure de cette maison. Cette personne était venue fort jeune à la cour, fille d'honneur d'Anne d'Autriche, femme de Louis XIII.

Ce prince, dont les passions étaient pleines d'innocence, en était devenu amoureux, et elle avait répondu à sa passion par une amitié fort tendre, et par une si grande fidélité pour la confiance dont il l'honorait, qu'elle avait été à l'épreuve de tous les avantages que le cardinal de Richelieu lui avait fait envisager.

Comme ce ministre vit qu'il ne la pouvait gagner, il crut, avec quelqu'apparence, qu'elle était gouvernée par l'évêque de Limoges, son oncle, attaché à la reine par madame de Seneçay **. Dans cette vue, il

* Mademoiselle de la Fayette, dame d'honneur d'Anne d'Autriche, reine de France.
** Dame d'honneur d'Anne d'Autriche.

21

résolut de la perdre, et de l'obliger à se retirer de la cour; il gagna le premier valet de chambre du roi, qui avait leur confiance entière, et l'obligea de rapporter de part et d'autre des choses entièrement opposées à la vérité. Elle était jeune et sans expérience, et crut ce qu'on lui dit : elle s'imagina qu'on l'allait abandonner, et se jeta dans les filles de Sainte-Marie. Le roi fit tous ses efforts pour l'en tirer; il lui montra clairement son erreur et la fausseté de ce qu'elle avait cru; mais elle résista à tout, et se fit religieuse quand le temps le lui put permettre.

Le roi conserva pour elle beaucoup d'amitié, et lui donna sa confiance : ainsi, quoique religieuse, elle était très-considérée, et elle le méritait. J'épousai son frère quelques années avant sa profession; et, comme j'allais souvent dans son cloître, j'y vis la jeune princesse d'Angleterre, dont l'esprit et le mérite me charmèrent. Cette connaissance me donna depuis l'honneur de sa familiarité, en sorte que, quand elle fut mariée, j'eus toutes les entrées particulières chez elle; et, quoique je fusse plus âgée de dix ans qu'elle, elle me témoigna jusqu'à la mort beaucoup de bonté, et eut beaucoup d'égards pour moi.

Je n'avais aucune part à sa confidence sur de certaines affaires; mais, quand elles étaient passées, et presque rendues publiques, elle prenait plaisir à me les raconter.

L'année 1664, le comte de Guiches* fut exilé. Un jour qu'elle me faisait le récit de quelques circonstances assez extraordinaires de sa passion pour elle : « Ne trouvez-vous pas, me dit-elle, que, si tout ce qui m'est arrivé, et les choses qui y ont relation, étaient écrits, cela composerait une jolie histoire? Vous

* Fils aîné du maréchal de Grammont.

écrivez bien, ajouta-t-elle; écrivez, je vous fournirai de bons mémoires. »

J'entrai avec plaisir dans cette pensée, et nous fîmes ce plan de notre histoire, telle qu'on la trouvera ici.

Pendant quelque temps, lorsque je la trouvais seule, elle me contait des choses particulières que j'ignorais; mais cette fantaisie lui passa bientôt, et ce que j'avais commencé demeura quatre ou cinq années sans qu'elle s'en souvînt.

En 1669, le roi alla à Chambord; elle était à St.-Cloud, où elle faisait les couches de la duchesse de Savoie, aujourd'hui régnante; j'étais auprès d'elle; il y avait peu de monde; elle se souvint du projet de cette histoire, et me dit qu'il fallait la reprendre. Elle me conta la suite des choses qu'elle avait commencé à me dire : je me remis à les écrire; je lui montrais le matin ce que j'avais fait sur ce qu'elle m'avait dit le soir; elle en était très-contente : c'était un ouvrage assez difficile que de tourner la vérité en de certains endroits, d'une manière qui la fît connaître, et qui ne fût pas néanmoins offensante ni désagréable à la princesse. Elle badinait avec moi sur les endroits qui me donnaient le plus de peine, et elle prit tant de goût à ce que j'écrivais, que, pendant un voyage de deux jours que je fis à Paris, elle écrivit elle-même ce que j'ai marqué pour être de sa main, et que j'ai encore.

Le roi revint : elle quitta St.-Cloud, et notre ouvrage fut abandonné. L'année suivante, elle fut en Angleterre, et peu de jours après son retour, cette princesse étant à St.-Cloud, perdit la vie d'une manière qui fera toujours l'étonnement de ceux qui liront cette histoire. J'avais l'honneur d'être auprès d'elle, lorsque cet accident funeste arriva; je sentis tout ce que l'on peut sentir de plus douloureux, en voyant expirer la plus aimable princesse qui fut jamais, et qui m'avait honorée de ses bonnes grâces; cette perte est de celles dont on ne se console jamais, et qui laissent une amertume répandue dans tout le reste de la vie.

La mort de cette princesse ne me laissa ni le dessein ni le goût de continuer cette histoire, et j'écrivis seulement les circonstances de sa mort dont je fus témoin.

HISTOIRE DE MADAME HENRIETTE D'ANGLETERRE,
première femme de Philippe de France, duc d'Orléans

Première partie

La paix était faite entre la France et l'Espagne; le mariage du roi était achevé après beaucoup de difficultés; et le cardinal Mazarin, tout glorieux d'avoir donné la paix à la France, semblait n'avoir plus qu'à jouir de cette grande fortune où son bonheur l'avait élevé : jamais ministre n'avait gouverné avec une puissance si absolue; et jamais ministre ne s'était si bien servi de sa puissance pour l'établissement de sa grandeur.

La reine-mère *, pendant sa régence, lui avait laissé toute l'autorité royale, comme un fardeau trop pesant pour un naturel aussi paresseux que le sien. Le roi**, à sa majorité, lui avait trouvé cette autorité entre les mains, et n'avait eu ni la force, ni peut-être même l'envie de la lui ôter. On lui présentait les troubles que la mauvaise conduite de ce cardinal avait excités, comme un effet de la haine des princes pour un ministre qui avait voulu donner des bornes à leur ambition [1]; on lui faisait considérer le ministre comme un homme qui seul avait tenu le timon de

---

* Anne d'Autriche.
** Louis XIV.

l'état pendant l'orage qui l'avait agité, et dont la bonne conduite en avait peut-être empêché la perte.

Cette considération, jointe à une soumission sucée avec le lait, rendit le cardinal plus absolu sur l'esprit du roi, qu'il ne l'avait été sur celui de la reine. L'étoile qui lui donnait une autorité si entière, s'étendit même jusqu'à l'amour. Le roi n'avait pu porter son cœur hors de la famille de cet heureux ministre ; il l'avait donné, dès sa plus tendre jeunesse, à la troisième de ses nièces, mademoiselle de Mancini* ; et, s'il le retira quand il fut dans un âge plus avancé, ce ne fut que pour le donner entièrement à une quatrième nièce, qui portait le même nom de Mancini**, à laquelle il se soumit si absolument, que l'on peut dire qu'elle fut la maîtresse d'un prince que nous avons vu depuis maître de sa maîtresse et de son amour.

Cette même étoile du cardinal produisait seule un effet si extraordinaire. Elle avait étouffé dans la France tous les restes de cabale et de dissention ; la paix générale avait fini toutes les guerres étrangères ; le cardinal avait satisfait en partie aux obligations qu'il avait à la reine, par le mariage du roi qu'elle avait si ardemment souhaité, et qu'il avait fait, bien qu'il le crût contraire à ses intérêts [1].

Ce mariage lui était même favorable, et l'esprit doux et paisible de la reine ne lui pouvait laisser lieu de craindre qu'elle entreprît de lui ôter le gouvernement de l'état ; enfin on ne pouvait ajouter à son bonheur que la durée ; mais ce fut ce qui lui manqua.

La mort interrompit une félicité si parfaite ; et, peu de temps après que l'on fut de retour du voyage où la paix et le mariage s'étaient achevés, il mourut au bois

---

* Depuis madame de Soissons.
** Depuis madame Colonne.

de Vincennes, avec une fermeté beaucoup plus philosophique que chrétienne.

Il laissa par sa mort un amas infini de richesses ; il choisit le fils du maréchal de la Meilleraie * pour l'héritier de son nom et de ses trésors : il lui fit épouser Hortense **, la plus belle de ses nièces, et disposa en sa faveur de tous les établissements qui dépendaient du roi, de la même manière qu'il disposait de son propre bien.

Le roi en agréa néanmoins la disposition, aussi bien que celle qu'il fit, en mourant, de toutes les charges et de tous les bénéfices qui étaient pour lors à donner. Enfin après sa mort son ombre était encore la maîtresse de toutes choses, et il paraissait que le roi ne pensait à se conduire que par les sentiments qu'il lui avait inspirés.

Cette mort donnait de grandes espérances à ceux qui pouvaient prétendre au ministère ; ils croyaient, avec apparence, qu'un roi qui venait de se laisser gouverner entièrement, tant pour les choses qui regardaient son état pour que celles qui regardaient sa personne, s'abandonnerait à la conduite d'un ministre qui ne voudrait se mêler que des affaires publiques, et qui ne prendrait point connaissance de ses actions particulières.

Il ne pouvait tomber dans leur imagination qu'un homme pût être si différent de lui-même, et, qu'ayant toujours laissé l'autorité de roi entre les mains de son premier ministre, il voulût reprendre à la fois, et l'autorité de roi, et les fonctions de premier ministre [1].

Ainsi beaucoup de gens espéraient quelque part aux affaires, et beaucoup de dames, par des raisons à

* Depuis duc de Mazarin.
** Depuis madame de Mazarin.

peu près semblables, espéraient beaucoup de part aux bonnes grâces du roi. Elles avaient vu qu'il avait passionnément aimé mademoiselle de Mancini, et qu'elle avait paru avoir sur lui le plus absolu pouvoir qu'une maîtresse ait jamais eu sur le cœur d'un amant; elles espéraient qu'ayant plus de charmes, elles auraient pour le moins autant de crédit; et il y en avait déjà beaucoup qui prenaient pour modèle de leur fortune celui de la duchesse de Beaufort * [1].

Mais, pour mieux faire comprendre l'état de la cour après la mort du cardinal Mazarin, et la suite des choses dont nous avons à parler, il faut dépeindre en peu de mots les personnes de la maison royale, les ministres qui pouvaient prétendre au gouvernement de l'état, et les dames qui pouvaient aspirer aux bonnes grâces du roi.

La reine-mère par son rang tenait la première place dans la maison royale; et, selon les apparences, elle devait la tenir par son crédit; mais le même naturel qui lui avait rendu l'autorité royale un pesant fardeau; pendant qu'elle était toute entière entre ses mains, l'empêchait de songer à en reprendre une partie, lorsqu'elle n'y était plus. Son esprit avait paru inquiet et porté aux affaires pendant la vie du roi son mari; mais, dès qu'elle avait été maîtresse et d'elle-même et du royaume, elle n'avait pensé qu'à mener une vie douce, à s'occuper à ses exercices de dévotion, et avait témoigné une assez grande indifférence pour toutes choses. Elle était sensible néanmoins à l'amitié de ses enfants : elle les avait élevés auprès d'elle avec une tendresse qui lui donnait quelque jalousie des personnes avec lesquelles ils cherchaient leurs plaisirs; ainsi elle était contente, pourvu qu'ils eussent l'attention de la voir, et elle

* Gabrille d'Estrées, maîtresse de Henri IV.

était incapable de se donner la peine de prendre sur eux une véritable autorité.

La jeune reine [1] était une personne de vingt-deux ans, bien faite de sa personne, et qu'on pouvait appeler belle, quoiqu'elle ne fût pas agréable. Le peu de séjour qu'elle avait fait en France, et les impressions qu'on en avait données avant qu'elle y arrivât, étaient cause qu'on ne la connaissait quasi pas, ou que du moins on croyait ne la pas connaître, en la trouvant d'un esprit fort éloigné de ces desseins ambitieux dont on avait tant parlé. On la voyait toute occupée d'une violente passion pour le roi, attachée dans tout le reste de ses actions à la reine sa belle-mère, sans distinction de personnes, ni de divertissements, et sujette à beaucoup de chagrin, à cause de l'extrême jalousie qu'elle avait du roi.

Monsieur, frère unique du roi, n'était pas moins attaché à la reine sa mère; ses inclinations étaient aussi conformes aux occupations des femmes, que celles du roi en étaient éloignées. Il était beau et bien fait; mais d'une beauté et d'une taille plus convenables à une princesse qu'à un prince : aussi avait-il plus songé à faire admirer sa beauté de tout le monde, qu'à s'en servir pour se faire aimer des femmes, quoiqu'il fût continuellement avec elles; son amour-propre semblait ne le rendre capable que d'attachement pour lui-même.

Madame de Thianges*, fille aînée du duc de Mortemart, avait paru lui plaire plus que les autres; mais leur commerce était plutôt une confidence libertine qu'une véritable galanterie. L'esprit du prince était naturellement doux, bienfaisant et civil, capable d'être prévenu, et si susceptible d'impres-

---

* Mademoiselle de Rochechouart, sœur aînée de madame de Montespan.

sions, que les personnes qui l'approchaient pouvaient quasi répondre de s'en rendre maîtresses, en le prenant par son faible. La jalousie dominait en lui; mais cette jalousie le faisait plus souffrir que personne, la douceur de son humeur le rendant incapable des actions violentes que la grandeur de son rang aurait pu lui permettre.

Il est aisé de juger, par ce que nous venons de dire, qu'il n'avait nulle part aux affaires, puisque sa jeunesse, ses inclinations et la domination absolue du cardinal étaient autant d'obstacles qui l'en éloignaient.

Il semble qu'en voulant décrire la maison royale, je devais commencer par celui qui en est le chef; mais on ne saurait le dépeindre que par ses actions; et celles que nous avons vues jusqu'au temps dont nous venons de parler, étaient si éloignées de celles que nous avons vues depuis, qu'elles ne pourraient guère servir à le faire connaître. On en pourra juger par ce que nous avons à dire; on le trouvera sans doute un des plus grands rois qui aient jamais été, un des plus honnêtes hommes de son royaume, et l'on pourrait dire le plus parfait, s'il n'était point si avare de l'esprit que le ciel lui a donné, et qu'il voulût le laisser paraître tout entier, sans le renfermer si fort dans la majesté de son rang [1].

Voilà quelles étaient les personnes qui composaient la maison royale. Pour le ministère, il était douteux entre M. Fouquet, surintendant des finances, M. le Tellier, secrétaire d'état, et M. Colbert*. Ce troisième avait eu dans les derniers temps toute la confiance du cardinal Mazarin; on savait que le roi n'agissait encore que selon les sentiments et les mémoires de ce ministre; mais l'on ne savait pas

* Depuis contrôleur général des finances.

précisément quels étaient les sentiments et les mémoires qu'il avait donnés à sa majesté. On ne doutait pas qu'il n'eût ruiné la reine-mère dans l'esprit du roi aussi bien que beaucoup d'autres personnes; mais on ignorait celles qu'il y avait établies.

M. Fouquet, peu de temps avant la mort du cardinal, avait été quasi perdu auprès de lui pour s'être brouillé avec M. Colbert, Ce surintendant était un homme d'une étendue d'esprit et d'une ambition sans bornes, civil, obligeant pour tous les gens de qualité, et qui se servit des finances pour les acquérir et pour les embarquer dans ses intrigues, dont les desseins étaient infinis pour les affaires, aussi bien que pour la galanterie.

M. le Tellier paraissait plus sage et plus modéré, attaché à ses seuls intérêts, et à des intérêts solides, sans être capable de s'éblouir du faste et de l'éclat comme M. Fouquet.

M. Colbert était peu connu par diverses raisons, et l'on savait seulement qu'il avait gagné la confiance du cardinal par son habileté et son économie.

Le roi n'appelait au conseil que ces trois personnes, et l'on attendait à voir qui l'emporterait sur les autres, sachant bien qu'ils n'étaient pas unis, et que, quand ils l'auraient été, il était impossible qu'ils le demeurassent.

Il nous reste à parler des dames qui étaient alors le plus avant à la cour, et qui pouvaient aspirer aux bonnes grâces du roi.

La comtesse de Soissons [1] aurait pu y prétendre, par la grande habitude qu'elle avait conservée avec lui, et pour avoir été sa première inclination. C'était une personne qu'on ne pouvait pas appeler belle, et qui néanmoins était capable de plaire. Son esprit n'avait rien d'extraordinaire, ni de fort poli; mais il était naturel et agréable avec les personnes qu'elle connaissait. La grande fortune de son oncle l'autorisait à n'avoir pas besoin de se contraindre. Cette liberté qu'elle avait prise, jointe à un esprit vif et à un naturel ardent, l'avait rendue si attachée à ses propres volontés, qu'elle était incapable de s'assujétir qu'à ce qui lui était agréable : elle avait naturellement de l'ambition, et, dans le temps où le roi l'avait aimée, le trône ne lui avait point paru trop au-dessus d'elle, pour n'oser y aspirer. Son oncle, qui l'aimait fort, n'avait pas été éloigné du dessein de l'y faire monter; mais tous les faiseurs d'horoscopes l'avaient tellement assuré qu'elle ne pourrait parvenir, qu'il en avait perdu la pensée, et l'avait mariée au comte de Soissons. Elle avait pourtant toujours conservé quelque crédit auprès du roi, et une certaine liberté de lui parler plus hardiment que les autres; ce qui faisait soupçonner assez souvent que dans certains moments la galanterie trouvait encore place dans leur conversation.

Cependant il paraissait impossible que le roi lui redonnât son cœur; ce prince était plus sensible en quelque manière à l'attachement qu'on avait pour lui, qu'à l'agrément et au mérite des personnes. Il avait aimé la comtesse de Soissons avant qu'elle fût mariée, et il avait cessé de l'aimer, par l'opinion qu'il avait que Villequier* ne lui était pas désagréable; peut-être l'avait-il cru sans fondement; et, il y a même assez d'apparence qu'il se trompait, puisqu'étant si peu capable de se contraindre, si elle l'eût aimé, elle l'eût bientôt fait paraître. Mais enfin, puisqu'il l'avait quittée sur le simple soupçon qu'un autre en était aimé, il n'avait garde de retourner à elle,

* Depuis duc d'Aumont.

lorsqu'il croyait avoir une certitude entière qu'elle aimait le marquis de Vardes* [1].

Mademoiselle de Mancini était encore à la cour. quand son oncle mourut. Pendant sa vie. il avait conclu son mariage avec le connétable Colonne: et l'on n'attendait plus que celui qui devait l'épouser. au nom de ce connétable, pour la faire partir de France. Il était difficile de démêler quels étaient ses sentiments pour le roi, et quels sentiments le roi avait pour elle. Il l'avait passionnément aimée. comme nous avons déjà dit: et, pour faire comprendre jusqu'où cette passion l'avait mené. nous dirons en peu de mots ce qui s'était passé avant la mort du cardinal.

Cet attachement avait commencé pendant le voyage de Calais. et la reconnaissance l'avait fait naître plutôt que la beauté; mademoiselle de Mancini n'en avait aucune; il n'y avait nul charme dans sa personne, et très peu dans son esprit, quoiqu'elle en eût infiniment : elle l'avait hardi, résolu, emporté, libertin et éloigné de toute sorte de civilité et de politesse.

Pendant une dangereuse maladie** que le roi avait eue à Calais. elle avait témoigné une affliction si violente de son mal. et l'avait si peu cachée. que. lorsqu'il commença à se mieux porter. tout le monde lui parla de la douleur de mademoiselle de Mancini; peut-être. dans la suite. lui en parla-t-elle elle-même. Enfin. elle lui fit paraître tant de passion, et rompit si entièrement toutes les contraintes où la reine-mère et le cardinal la tenaient, que l'on peut dire qu'elle contraignit le roi à l'aimer.

Le cardinal ne s'opposa pas d'abord à cette pas-

---

* Dubec Crepin, marquis de Vardes. capitaine des cents suisses.
** La petite vérole.

sion; il crut qu'elle ne pouvait être que conforme à ses intérêts; mais, comme il vit dans la suite que sa nièce ne lui rendait aucun compte de ses conversations avec le roi, et qu'elle prenait sur son esprit tout le crédit qui lui était possible, il commença à craindre qu'elle n'y en prît trop, et voulut apporter quelque diminution à cet attachement. Il vit bientôt qu'il s'en était avisé trop tard; le roi était entièrement abandonné à sa passion : et l'opposition qu'il fit paraître, ne servit qu'à aigrir contre lui l'esprit de sa nièce, et à la porter à lui rendre toute sorte de mauvais services.

Elle n'en rendit pas moins à la reine dans l'esprit du roi, soit en lui décriant sa conduite pendant la régence, ou en lui apprenant tout ce que la médisance avait inventé contre elle. Enfin, elle éloignait si bien de l'esprit du roi tous ceux qui pouvaient lui nuire, et s'en rendit maîtresse si absolue, que, pendant le temps que l'on commençait à traiter la paix et le mariage, il demanda au cardinal la permission de l'épouser, et témoigna ensuite, par toutes ses actions, qu'il le souhaitait.

Le cardinal, qui savait que la reine ne pourrait entendre sans horreur la proposition de ce mariage, et que l'exécution en eût été très hasardeuse pour lui, se voulut faire un mérite envers la reine et envers l'état d'une chose qu'il croyait contraire à ses propres intérêts.

Il déclara au roi qu'il ne consentirait jamais à lui laisser faire une alliance si disproportionnée; et que, s'il faisait de son autorité absolue, il lui demanderait à l'heure même la permission de se retirer hors de France.

La résistance du cardinal étonna le roi; et lui fit peut-être faire des réflexions qui ralentirent la violence de son amour; l'on continua de traiter la paix et le mariage; et le cardinal, avant que de partir pour aller régler les articles de l'un et de l'autre, ne voulut pas laisser sa nièce à la cour : il résolut de l'envoyer à Brouage; le roi fut aussi affligé que le peut être un amant à qui l'on ôte sa maîtresse; mais mademoiselle de Mancini, qui ne se contentait pas des mouvements de son cœur, et qui aurait voulu qu'il eût témoigné son amour par des actions d'autorité, lui reprocha, en lui voyant répandre des larmes, lorsqu'elle monta en carrosse, qu'il pleurait et qu'il était le maître : ces reproches ne l'obligèrent pas à le vouloir être; il la laissa partir, quelqu'affligé qu'il fût, lui promettant néanmoins qu'il ne consentirait jamais au mariage d'Espagne, et qu'il n'abandonnerait pas le dessein de l'épouser.

Toute la cour partit quelque temps après pour aller à Bordeaux, afin d'être plus près du lieu où l'on traitait la paix.

Le roi vit mademoiselle de Mancini à St.-Jean-d'Angéli; il en parut plus amoureux que jamais, dans le peu de moments qu'il eut à être avec elle, et lui promit toujours la même fidélité. Le temps, l'absence et la raison le firent enfin manquer à sa promesse; et, quand le traité fut achevé, il l'alla signer à l'île de la Conférence, et prendre l'infante d'Espagne, des mains du roi, son père, pour la faire reine de France dès le lendemain.

La cour revint ensuite à Paris. Le cardinal, qui ne craignait plus rien, y fit aussi revenir ses nièces.

Mademoiselle de Mancini était outrée de rage et de désespoir; elle trouvait qu'elle avait perdu en même temps un amant fort aimable, et la plus belle couronne de l'univers : un esprit plus modéré que le sien aurait eu de la peine à ne pas s'emporter dans une semblable occasion; aussi s'était-elle abandonnée à la rage et à la colère.

Le roi n'avait plus la même passion pour elle; la

possession d'une princesse belle et jeune, comme la reine, sa femme, l'occupait agréablement ; néanmoins, comme l'attachement d'une femme est rarement un obstacle à l'amour qu'on a pour une maîtresse, le roi serait peut-être revenu à mademoiselle de Mancini, s'il n'eût connu qu'entre tous les partis qui se présentaient alors pour l'épouser, elle souhaitait ardemment le duc Charles, neveu du duc de Lorraine, et s'il n'avait été persuadé que ce prince avait su toucher son cœur.

Le mariage ne s'en put faire par plusieurs raisons : le cardinal conclut celui du connétable Colonne, et mourut, comme nous avons dit, avant qu'il fût achevé.

Mademoiselle de Mancini avait une si horrible répugnance pour ce mariage, que, voulant l'éviter, si elle eût vu quelque apparence de regagner le cœur du roi, malgré tout son dépit, elle y aurait travaillé de toute sa puissance.

Le public ignorait le secret dépit qu'avait eu le roi du penchant qu'elle avait témoigné pour le mariage du neveu du duc de Lorraine ; et, comme on le voyait souvent aller au palais Mazarin, où elle logeait avec madame Mazarin, sa sœur, on ne savait si le roi y était conduit par les restes de son ancienne flamme, ou par les étincelles d'une nouvelle, que les yeux de madame Mazarin étaient bien capables d'allumer.

C'était, comme nous avons dit, non-seulement la plus belle des nièces du cardinal, mais aussi une des plus parfaites beautés de la cour. Il ne lui manquait que de l'esprit pour être accomplie, et pour lui donner la vivacité qu'elle n'avait pas ; ce défaut même n'en était pas un pour tout le monde, et beaucoup de gens trouvaient son air languissant et sa négligence capables de se faire aimer [1].

Ainsi les opinions se portaient aisément à croire

que le roi lui en voulait, et que l'ascendant du cardinal garderait encore son cœur dans sa famille. Il est vrai que cette opinion n'était pas sans fondement: l'habitude que le roi avait prise avec les nièces du cardinal lui donnait plus de dispositions à leur parler qu'à toutes les autres femmes [1]: et la beauté de madame Mazarin, jointe à l'avantage que donne un mari qui n'est guère aimable à un roi qui l'est beaucoup: l'eût aisément porté à l'aimer, si M. de Mazarin n'avait eu ce même soin, que nous lui avons vu depuis, d'éloigner sa femme des lieux où était le roi.

Il y avait encore à la cour un grand nombre de belles dames, sur qui le roi aurait pu jeter les yeux.

Madame d'Armagnac, fille du maréchal de Ville-roi, était d'une beauté à attirer ceux de tout le monde. Pendant qu'elle était fille, elle avait donné beaucoup d'espérance à tous ceux qui l'avaient aimée, qu'elle souffrirait aisément de l'être, lorsque le mariage l'aurait mise dans une condition plus libre [2]. Cependant, sitôt qu'elle eut épousé M. d'Armagnac, soit qu'elle eût de la passion pour lui, ou que l'âge l'eût rendue plus circonspecte, elle s'était entièrement retirée dans sa famille.

La seconde fille du duc de Mortemart *, qu'on appelait mademoiselle de Tonnay-Charente [3], était encore une beauté très-achevée, quoiqu'elle ne fût pas parfaitement agréable. Elle avait beaucoup d'esprit, et une sorte d'esprit plaisant et naturel, comme tous ceux de sa maison.

Le reste des belles personnes qui étaient à la cour, ont trop peu de part à ce que nous avons à dire, pour m'obliger d'en parler; et nous ferons seulement mention de celles qui s'y trouveront mêlées, selon que la suite nous y engagera.

* Madame de Montespan.

Seconde partie

La cour était revenue à Paris aussitôt après la mort du cardinal. Le roi s'appliquait à prendre une connaissance exacte des affaires : il donnait à cette occupation la plus grande partie de son temps, et partageait le reste avec la reine, sa femme.

Celui qui devait épouser mademoiselle de Mancini, au nom du connétable Colonne, arriva à Paris, et elle eut la douleur de se voir chassée de France par le roi ; ce fut à la vérité avec tous les honneurs imaginables. Le roi la traita dans son mariage, et dans tout, comme si son oncle eût encore, vécu ; mais enfin, on la maria, et on la fit partir avec assez de précipitation.

Elle soutint sa douleur avec beaucoup de constance, et même avec assez de fierté ; mais, au premier lieu où elle coucha en sortant de Paris, elle se trouva si pressée de sa douleur, et si accablée de l'extrême violence qu'elle s'était faite, qu'elle pensa y demeurer : enfin elle continua son chemin, et s'en alla en Italie, avec la consolation de n'être plus sujette d'un roi, dont elle avait cru devoir être la femme [1].

La première chose considérable qui se fit après la mort du cardinal, ce fut le mariage de monsieur avec la princesse d'Angleterre [2]. Il avait été résolu par le cardinal ; et, quoique cette alliance semblât contraire à toutes les règles de la politique, il avait cru qu'on devait être si assuré de la douceur du naturel de monsieur, et de son attachement pour le roi, qu'on ne devait point craindre de lui donner un roi d'Angleterre pour beau-frère.

L'histoire de notre siècle est si remplie des grandes révolutions de ce royaume, et le malheur qui fit perdre la vie au meilleur roi* du monde, sur un échafaud, par les mains de ses sujets, et qui contraignit la reine, sa femme, à venir chercher un asile dans le royaume de ses pères, est un exemple de l'inconstance de la fortune qui est su de toute la terre.

Le changement funeste de cette maison royale fut favorable en quelque chose à la princesse d'Angleterre. Elle était encore entre les bras de sa nourrice, et fut la seule de tous les enfants de la reine, sa mère **, qui se trouva auprès d'elle pendant sa disgrâce. Cette reine s'appliquait toute entière au soin de son éducation ; et, le malheur de ses affaires la faisant plutôt vivre en personne privée qu'en souveraine, cette jeune princesse prit toutes les lumières, toute la civilité et toute l'humanité des conditions ordinaires, et conserva dans son cœur et dans sa personne toutes les grandeurs de sa naissance royale.

Aussitôt que cette princesse commença à sortir de l'enfance, on lui trouva un agrément extraordinaire. La reine-mère témoigna beaucoup d'inclination pour elle ; et, comme il n'y avait nulle apparence que le roi pût épouser l'infante, sa nièce, elle parut souhaiter qu'il épousât cette princesse. Le roi au contraire témoigna de l'aversion pour ce mariage, et même

---

* Charles Ier, qui eut la tête tranchée à Londres le 9 février 1649.
** Henriette de France, fille de Henri IV.

pour sa personne; il la trouvait trop jeune pour lui, et il avouait enfin qu'elle ne lui plaisait pas, quoiqu'il n'en pût dire la raison; aussi eût-il été difficile d'en trouver; c'était principalement ce que la princesse d'Angleterre possédait au souverain degré que le don de plaire et ce qu'on appelle grâces; les charmes étaient répandus en toute sa personne, dans ses actions et dans son esprit, et jamais princesse n'a été si également capable de se faire aimer des hommes, et adorer des femmes.

En croissant, sa beauté augmenta aussi, en sorte que, quand le mariage du roi fut achevé, celui de monsieur et d'elle fut résolu. Il n'y avait rien à la cour qu'on pût lui comparer.

En ce même temps, le roi*, son frère, fut rétabli sur le trône, par une révolution presque aussi prompte que celle qui l'en avait chassé. Sa mère voulut aller jouir du plaisir de le voir paisible possesseur de son royaume; et, avant que d'achever le mariage de la princesse, sa fille, elle la mena avec elle en Angleterre. Ce fut dans ce voyage que la princesse commença à reconnaître la puissance de ses charmes; le duc de Buckingham**, fils de celui qui fut décapité, jeune et bien fait, était alors fortement attaché à la princesse royale***, sa sœur, qui était à Londres. Quelque grand que fût cet attachement, il ne put tenir contre la princesse d'Angleterre; et ce duc devint si passionnément amoureux d'elle, qu'on peut dire qu'il en perdit la raison.

La reine d'Angleterre était tous les jours pressée par les lettres de monsieur de s'en retourner en France, pour achever son mariage qu'il témoignait

---

* Qui fut rétablit en 1660, Charles II.
** Il ne fut pas décapité; mais il fut assassiné par Felton.
*** Depuis femme de l'électeur palatin.

souhaiter avec impatience; ainsi, elle fut obligée de partir, quoique la saison fut fort rude et fort fâcheuse.

Le roi, son fils, l'accompagna jusqu'à une journée de Londres. Le duc de Buckingham la suivit, comme tout le reste de la cour, mais, au lieu de s'en retourner de même, il ne put se résoudre à abandonner la princesse d'Angleterre, et demanda au roi la permission de passer en France; de sorte que, sans équipage et sans toutes les choses nécessaires pour un pareil voyage, il s'embarqua à Portsmouth avec la reine.

Le vent fut favorable le premier jour; mais, le lendemain, il fut si contraire, que le vaisseau de la reine se trouva ensablé, et en grand danger de périr; l'épouvante fut grande dans tout le navire; et le duc de Buckingham, qui craignait pour plus d'une vie, parut dans un désespoir inconcevable.

Enfin on tira le vaisseau du péril où il était; mais il fallut relâcher au port.

Madame la princesse d'Angleterre fut attaquée d'une fièvre très violente. Elle eut pourtant le courage de vouloir se rembarquer dès que le vent fut favorable; mais, sitôt qu'elle fut dans le vaisseau, la rougeole sortit; de sorte qu'on ne put abandonner la terre, et qu'on ne put aussi songer à débarquer, de peur de hasarder sa vie par cette agitation.

Sa maladie fut très-dangereuse. Le duc de Buckingham parut comme un fou et un désespéré dans les moments où il la crut en péril. Enfin, lorsqu'elle se porta assez bien pour souffrir la mer, et pour aborder au Havre, il eut des jalousies si extravagantes des soins que l'amiral d'Angleterre prenait pour cette princesse, qu'il le querella sans aucune sorte de raison; et la reine, craignant qu'il n'en arrivât du désordre, ordonna au duc de

Buckingham de s'en aller à Paris, pendant qu'elle séjournerait quelque temps au Havre, pour laisser reprendre des forces à la princesse sa fille.

Lorsqu'elle fut entièrement rétablie, elle revint à Paris, monsieur alla au-devant d'elle, avec tous les empressements imaginables, et continua jusqu'à son mariage, à lui rendre des devoirs auxquels il ne manquait que de l'amour ; mais le miracle d'enflammer le cœur de ce prince n'était réservé à aucune femme du monde.

Le comte de Guiches [1] était en ce temps-là son favori. C'était le jeune homme de la cour le plus beau et le mieux fait, aimable de sa personne, galant, hardi, brave, rempli de grandeur et d'élévation : la vanité que tant de bonnes qualités lui donnaient, et un air méprisant répandu dans toutes ses actions, ternissaient un peu tout ce mérite ; mais il faut pourtant avouer qu'aucun homme de la cour n'en avait autant que lui. Monsieur l'avait fort aimé dès l'enfance, et avait toujours conservé avec lui un grand commerce, et aussi étroit qu'il y en peut avoir entre de jeunes gens.

Le comte était alors amoureux de madame de Chalais, fille du duc de Marmoutiers ; elle était très-aimable, sans être fort belle ; il la cherchait partout ; il la suivait en tous lieux ; enfin c'était une passion si publique et si déclarée, qu'on doutait qu'elle fût approuvée de celle qui la causait ; et l'on s'imaginait que, s'il avait eu quelqu'intelligence entr'eux, elle lui aurait fait prendre des chemins plus cachés. Cependant il est certain que, s'il n'en était pas tout-à-fait aimé, il n'en était pas haï, et qu'elle voyait son amour sans colère. Le duc de Buckingham fut le premier qui se douta qu'elle n'avait pas assez de charmes, pour retenir un homme qui serait tous les jours exposé à ceux de madame la princesse d'Angleterre. Un soir qu'il était venu chez elle, madame de Chalais y vint aussi. La princesse lui dit, en anglais, que c'était la maîtresse du comte de Guiches, et lui demanda s'il ne la trouvait pas fort aimable. Non, lui répondit-il, je ne trouve pas qu'elle le soit assez pour lui, qui me paraît, malgré que j'en aie, le plus honnête homme de toute la cour, et je souhaite, madame, que tout le monde ne soit pas de mon avis. La princesse ne fit pas réflexion à ce discours, et le regarda comme un effet de la passion de ce duc, dont il lui donnait tous les jours quelque preuve, et qu'il ne laissait que trop voir à tout le monde.

Monsieur s'en aperçut bientôt, et ce fut en cette occasion que madame la princesse d'Angleterre découvrit pour la première fois cette jalousie naturelle, dont il lui donna depuis tant de marques. Elle vit donc son chagrin ; et, comme elle ne se souciait pas du duc de Buckingham, qui, quoique fort aimable, a eu souvent le malheur de n'être pas aimé, elle en parla à la reine sa mère, qui prit soin de remettre l'esprit de monsieur, et de lui faire concevoir que la passion du duc était regardée comme une chose ridicule.

Cela ne déplut point à monsieur ; mais il n'en fut pas entièrement satisfait : il s'en ouvrit à la reine sa mère*, qui eut de l'indulgence pour la passion du duc, en faveur de celle que son père lui avait autrefois témoignée [1]. Elle ne voulut pas qu'on fît de bruit ; mais elle fut d'avis qu'on lui fît entendre, lorsqu'il aurait fait encore quelque séjour en France, que son retour était nécessaire en Angleterre ; ce qui fut exécuté dans la suite.

Enfin le mariage de monsieur s'acheva, et fut fait en carême sans cérémonie dans la chapelle du palais.

---

* Anne d'Autriche.

Toute la cour rendit ses devoirs à madame la princesse d'Angleterre, que nous appellerons dorénavant madame.

Il n'y eut personne qui ne fût surpris de son agrément, de sa civilité et de son esprit : comme la reine-mère la tenait fort près de sa personne, on ne la voyait jamais que chez elle, où elle ne parlait quasi point. Ce fut une nouvelle découverte de lui trouver l'esprit aussi aimable que tout le reste; on ne parlait que d'elle, et tout le monde s'empressait à lui donner des louanges.

Quelque temps après son mariage, elle vint loger chez monsieur aux Tuileries; le roi et la reine allèrent à Fontainebleau. Monsieur et madame demeurèrent quelque temps à Paris; ce fut alors que toute la France se trouva chez elle : tous les hommes ne pensaient qu'à lui faire leur cour, et toutes les femmes qu'à lui plaire.

Madame de Valentinois*, sœur du comte de Guiches, que monsieur aimait fort, à cause de son frère et à cause d'elle-même (car il avait pour elle toute l'inclination dont il était capable) fut une de celles qu'elle choisit pour être dans ses plaisirs; mesdemoiselles de Créqui, et de Châtillon**, et mademoiselle de Tonnay-Charente*** avaient l'honneur de la voir souvent, aussi bien que d'autres personnes à qui elle avait témoigné de la bonté avant qu'elle fût mariée.

Mademoiselle de la Trimouille et madame de la Fayette étaient de ce nombre. La première lui plaisait par sa bonté, et par une certaine ingénuité à conter tout ce qu'elle avait dans le cœur, qui ressentait la

---

* Depuis madame de Monaco.
** Depuis duchesse de Mekelbourg.
*** Depuis madame de Montespan.

simplicité des premiers siècles; l'autre lui avait été agréable par son bonheur; car, bien qu'on lui trouvât du mérite, c'était une sorte de mérite si sérieux en apparence, qu'il ne semblait pas qu'il dût plaire à une princesse aussi jeune que madame [1]. Cependant, elle lui avait été agréable, et elle avait été si touchée du mérite et de l'esprit de madame, qu'elle lui dut plaire dans la suite par l'attachement qu'elle eut pour elle.

Toutes ces personnes passaient les après-dinées chez madame. Elles avaient l'honneur de la suivre au cours; au retour de la promenade, on soupait chez monsieur; après le souper, tous les hommes de la cour s'y rendaient, et on passait le soir parmi les plaisirs de la comédie, du jeu et des violons; enfin, on s'y divertissait avec tout l'agrément imaginable, et sans aucun mélange de chagrin. Mademoiselle de Chalais y venait assez souvent; le comte de Guiches ne manquait pas de s'y rendre; la familiarité qu'il avait chez monsieur, lui donnait l'entrée chez ce prince aux heures les plus particulières. Il voyait madame à tous moments avec tous ses charmes. Monsieur prenait même le soin de les lui faire admirer; enfin, il l'exposait à un péril qu'il était presque impossible d'éviter.

Après quelque séjour à Paris, monsieur et madame s'en allèrent à Fontainebleau. Madame y porta la joie et les plaisirs. Le roi connut, en la voyant de plus près, combien il avait été injuste, en ne la trouvant pas la plus belle personne du monde. Il s'attacha fort à elle, et lui témoigna une complaisance extrême. Elle disposait de toutes les parties de divertissement; elles se faisaient toutes pour elle, et il paraissait que le roi n'y avait de plaisir que celui qu'elle en recevait. C'était dans le milieu de l'été; madame s'allait baigner tous les jours; elle partait en carrosse, à cause de la chaleur, et revenait à cheval, suivie de toutes les dames habillées galamment, avec mille plumes sur leur tête, accompagnées du roi et de la jeunesse de la cour; après souper, on montait dans des calèches, et, au bruit des violons, on s'allait promener une partie de la nuit autour du canal.

L'attachement que le roi avait pour madame, commença bientôt à faire du bruit, et à être interprété diversement. La reine-mère en eut d'abord beaucoup de chagrin; il lui parut que madame lui ôtait absolument le roi, et qu'il lui donnait toutes les heures qui avaient accoutumé d'être pour elle. La grande jeunesse de madame lui persuada qu'il serait facile d'y remédier, et que, lui faisant parler par l'abbé de Montaigu, et par quelques personnes qui devaient avoir quelque crédit sur son esprit, elle l'obligerait à se tenir plus attachée à sa personne, et de n'attirer pas le roi dans des divertissements qui en étaient éloignés.

Madame était lasse de l'ennui et de la contrainte qu'elle avait essuyés auprès de la reine, sa mère. Elle crut que la reine, sa belle-mère, voulait prendre sur elle une pareille autorité; elle fut occupée de la joie d'avoir ramené le roi à elle, et de savoir, par lui-même, que la reine-mère tâchait de l'en éloigner. Toutes ces choses la détournèrent tellement des mesures qu'on voulait lui faire prendre, que même elle n'en garda plus aucune. Elle se lia d'une manière étroite avec la comtesse de Soissons, qui était alors l'objet de la jalousie de la reine et de l'aversion de la reine-mère, et ne pensa plus qu'à plaire au roi comme belle-sœur; je crois qu'elle lui plut d'une autre manière; je crois aussi qu'elle pensa qu'il ne lui plaisait que comme un beau-frère, quoiqu'il lui plût peut-être davantage; mais enfin, comme ils étaient tous deux infiniment aimables, et tous deux nés avec des dispositions galantes; qu'ils se voyaient tous les jours au milieu des plaisirs et des divertissements, il parut aux yeux de tout le monde qu'ils avaient l'un pour l'autre cet agrément qui précède d'ordinaire les grandes passions.

Cela fit bientôt beaucoup de bruit à la cour; la reine-mère fut ravie de trouver un prétexte si spécieux de bienséance et de dévotion, pour s'opposer à l'attachement que le roi avait pour madame; elle n'eut pas de peine à faire entrer monsieur dans ses sentiments; il était jaloux par lui-même, et il le devenait encore davantage par l'humeur de madame, qu'il ne trouvait pas aussi éloignée de la galanterie qu'il l'aurait souhaité.

L'aigreur s'augmentait tous les jours entre la reine-mère et elle; le roi donnait toutes les espérances à madame; mais il se ménageait néanmoins avec la reine-mère, en sorte que lorsqu'elle redisait à monsieur ce que le roi lui avait dit, monsieur trouvait assez de matière pour vouloir persuader à madame que le roi n'avait pas pour elle autant de considération qu'il lui en témoignait : tout cela faisait un cercle de redites et de démêlés qui ne donnait pas un moment de repos ni aux uns ni aux autres. Cependant, le roi et madame, sans s'expliquer entre eux de ce qu'ils sentaient l'un pour l'autre, continuèrent de vivre d'une manière qui ne laissait douter à personne qu'il n'y eût entre eux plus que de l'amitié.

Le bruit s'en augmenta fort, et la reine-mère et madame en parlèrent si fortement au roi et à monsieur, qu'ils commencèrent à ouvrir les yeux, et à faire peut-être des réflexions qu'ils n'avaient point encore faites; enfin, ils résolurent de faire cesser ce grand bruit, et, par quelque motif que ce pût être, ils convinrent entr'eux que le roi serait l'amoureux de quelque personne de la cour. Ils jetèrent les yeux sur celles qui paraissaient les plus propres à ce dessein, et choisirent, entre autres, mademoiselle de Pon* parente du maréchal d'Albret, et qui, pour être nouvellement venue de province, n'avait pas toute l'habileté imaginable ; ils jetèrent aussi les yeux sur Chimerault**, une des filles de la reine, fort coquette, et sur la Vallière, qui était une fille de madame, fort jolie, fort douce et fort naïve. La fortune de cette fille était médiocre ; sa mère s'était remariée à Saint-Remi, premier maître d'hôtel de monsieur le duc d'Orléans ; ainsi, elle avait presque toujours été à Orléans ou à Blois [1]. Elle se trouvait très-heureuse d'être auprès de madame ; tout le monde la trouvait jolie ; plusieurs jeunes gens avaient pensé à s'en faire aimer ; le comte de Guiches s'y était attaché plus que les autres ; il y paraissait encore tout occupé, lorsque le roi la choisit pour une de celles dont il voulait éblouir le public. De concert avec madame, il commença, non-seulement à faire l'amoureux d'une des trois qu'ils avaient choisies, mais de toutes les trois ensemble : il ne fut pas longtemps sans prendre parti : son cœur se détermina en faveur de la Vallière ; et, quoiqu'il ne laissât pas de dire des douceurs aux autres, et d'avoir même un commerce assez réglé avec Chimerault, la Vallière eut tous ses soins et toutes ses assiduités.

Le comte de Guiches, qui n'était pas assez amoureux pour s'opiniâtrer contre un rival si redoutable, l'abandonna et se brouilla avec elle, en lui disant des choses assez désagréables [2].

Madame vit avec quelque chagrin que le roi s'attachait véritablement à la Vallière ; ce n'est peut-être pas qu'elle en eût ce qu'on pourrait appeler de la jalousie ; mais elle eût été bien aise qu'il n'eût pas eu

---

* Depuis madame d'Haudicourt.
** Depuis madame de la Basinière.

de véritable passion, et qu'il eût conservé pour elle une sorte d'attachement, qui, sans avoir la violence de l'amour, en eût la complaisance et l'agrément.

Longtemps avant qu'elle fût mariée, on avait prédit que le comte de Guiches serait amoureux d'elle; et, sitôt qu'il eut quitté la Vallière, on commença à dire qu'il aimait madame, et peut-être même qu'on le dit avant qu'il en eût la pensée; mais ce bruit ne fut pas désagréable à sa vanité; et, comme son inclination s'y trouva peut-être disposée, il ne prit pas de grands soins pour s'empêcher de devenir amoureux, ni pour empêcher qu'on ne le soupçonnât de l'être. L'on répétait alors à Fontainebleau un ballet, que le roi et madame dansèrent, et qui fut le plus agréable qui ait jamais été, soit par le lieu où il se dansait, qui était le bord de l'étang, ou par l'invention qu'on avait trouvée, de faire venir du bout d'une allée le théâtre tout entier, chargé d'une infinité de personnes, qui s'approchaient insensiblement, et qui faisaient une entrée, en dansant devant le théâtre.

Pendant la répétition de ce ballet, le comte de Guiches était très souvent avec madame, parce qu'il dansait dans la même entrée [1] : il n'osait encore lui rien dire de ses sentiments; mais, par une certaine familiarité qu'il avait acquise auprès d'elle, il prenait la liberté de lui demander des nouvelles de son cœur, et si rien ne l'avait jamais touchée : elle lui répondait avec beaucoup de bonté et d'agrément, et il s'émancipait quelquefois à crier, en s'enfuyant d'auprès d'elle, qu'il était en grand péril.

Madame recevait tout cela comme des choses galantes, sans y faire une plus grande attention : le public y vit plus clair qu'elle-même. Le comte de Guiches laissait voir, comme on a déjà dit, ce qu'il avait dans le cœur, en sorte que le bruit s'en répandit aussitôt. La grande amitié que madame avait pour la duchesse de Valentinois, contribua beaucoup à faire croire qu'il y avait de l'intelligence entre eux, et l'on regardait monsieur, qui paraissait amoureux de madame de Valentinois, comme la dupe du frère et de la sœur. Il est vrai, néanmoins, qu'elle se mêla très peu de cette galanterie ; et, quoique son frère ne lui cachât point sa passion pour madame, elle ne commença pas les liaisons qui ont paru depuis.

Cependant, l'attachement du roi pour la Vallière augmentait toujours ; il faisait beaucoup de progrès auprès d'elle ; ils gardaient beaucoup de mesures ; il ne la voyait pas chez madame et dans les promenades du jour ; mais à la promenade du soir, il sortait de la calèche de madame, et s'allait mettre près de celle de la Vallière, dont la portière était abattue ; et, comme c'était dans l'obscurité de la nuit, il parlait avec beaucoup de commodité.

La reine-mère et madame n'en furent pas moins mal ensemble. Lorsqu'on vit que le roi n'en était point amoureux, puisqu'il l'était de la Vallière, et que madame ne s'opposait pas aux soins que le roi rendait à cette fille, la reine-mère en fut aigrie ; elle tourna l'esprit de monsieur, qui s'en aigrit, et qui prit au point d'honneur que le roi fût amoureux d'une fille de madame. Madame, de son côté, manquait, en beaucoup de choses, aux égards qu'elle devait à la reine-mère et même à ceux qu'elle devait à monsieur ; en sorte que l'aigreur était grande de toutes parts.

Dans ce même temps, le bruit fut grand de la passion du comte de Guiches. Monsieur en fut bientôt instruit, et lui fit très mauvaise mine. Le comte de Guiches, soit par son naturel fier, soit par chagrin de voir monsieur instruit d'une chose qu'il lui était commode qu'il ignorât, eut avec monsieur un éclaircissement fort audacieux, et rompit avec lui, comme s'il eût été son égal; cela éclata publiquement, et le comte de Guiches se retira de la cour.

Le jour que ce bruit arriva, madame gardait la chambre, et ne voyait personne; elle ordonna qu'on laissât seulement entrer ceux qui répétaient avec elle, dont le comte de Guiches était du nombre; elle ne savait point ce qui venait de se passer. Comme le roi vint chez elle, elle lui dit les ordres qu'elle avait donnés; le roi lui répondit, en souriant, qu'elle ne connaissait pas mal ceux qui devaient être exemptés, et lui conta ensuite ce qui venait de se passer entre monsieur et le comte de Guiches; la chose fut sue de tout le monde, et le maréchal de Grammont, père du comte de Guiches, renvoya son fils à Paris, et lui défendit de revenir à Fontainebleau.

Pendant ce temps-là, les affaires du ministère n'étaient pas plus tranquilles que celles de l'amour [1]; et, quoique M. Fouquet, depuis la mort du cardinal, eût demandé pardon au roi de toutes les choses passées, quoique le roi le lui eût accordé, et qu'il parût l'emporter sur les autres ministres, néanmoins on travaillait fortement à sa perte, et elle était résolue.

Madame de Chevreuse, qui avait toujours conservé quelque chose de ce grand crédit qu'elle avait eu sur la reine-mère, entreprit de la porter à perdre M. Fouquet.

M. de Laigue, marié en secret, à ce que l'on a cru, avec madame de Chevreuse, était mal content de ce surintendant; il gouvernait madame de Chevreuse; M. le Tellier, et M. Colbert se joignirent à eux; la reine-mère fit un voyage à Dampierre, et la perte de M. Fouquet fut conclue, et on y fit ensuite consentir le roi. On résolut d'arrêter ce surintendant; mais les ministres, craignant, quoique sans sujet, le nombre d'amis qu'il avait dans le royaume, portèrent le roi à aller à Nantes, afin d'être près de Belle-Isle, que M. Fouquet venait d'acheter, et de s'en rendre maître.

Ce voyage fut longtemps résolu sans qu'on en fît la proposition ; mais enfin, sur des prétextes qu'ils trouvèrent, on commença à en parler. M. Fouquet, bien éloigné de penser que sa perte fût l'objet de ce voyage, se croyait tout à fait assuré de sa fortune ; et le roi, de concert avec les autres ministres, pour lui ôter toute sorte de défiance, le traitait avec de si grandes distinctions, que personne ne doutait qu'il ne gouvernât.

Il y avait longtemps que le roi avait dit qu'il voulait aller à Vaux, maison superbe de ce surintendant ; et, quoique la prudence dût l'empêcher de faire voir au roi une chose qui marquait si fort le mauvais usage des finances, et qu'aussi la bonté du roi dût le retenir d'aller chez un homme qu'il allait perdre, néanmoins ni l'un ni l'autre n'y firent aucune réflexion [1].

Toute la cour alla à Vaux, et M. Fouquet joignit à la magnificence de sa maison toute celle qui peut être imaginée pour la beauté des divertissements et la grandeur de la réception. Le roi en arrivant en fut étonné, et M. Fouquet le fut de remarquer que le roi l'était ; néanmoins ils se remirent l'un et l'autre. La fête fut la plus complète qui ait jamais été. Le roi était alors dans la première ardeur de la possession de la Vallière ; l'on a cru que ce fut là qu'il la vit pour la première fois en particulier ; mais il y avait déjà quelque temps qu'il la voyait dans la chambre du comte de Saint-Aignan *, qui était le confident de cette intrigue.

Peu de jours après la fête de Vaux, on partit pour Nantes ; et ce voyage, auquel on ne voyait aucune nécessité, paraissait la fantaisie d'un jeune roi.

* Depuis duc de Saint-Aignan.

M. Fouquet, quoiqu'avec la fièvre quarte, suivit la cour, et fut arrêté à Nantes; ce changement surprit le monde, comme on peut se l'imaginer, et étourdit tellement les parents et les amis de M. Fouquet, qu'ils ne songèrent pas à mettre à couvert ses papiers, quoiqu'ils en eussent eu le loisir. On le prit dans sa maison, sans aucune formalité[1]; on l'envoya à Angers, et le roi revint à Fontainebleau.

Tous les amis de M. Fouquet furent chassés et éloignés des affaires. Le conseil des trois autres ministres* se forma entièrement. M. Colbert eut les finances, quoique l'on en donnât quelqu'apparence au maréchal de Villeroi, et M. Colbert commença à prendre auprès du roi ce crédit qui le rendit depuis le premier homme de l'état.

L'on trouva dans les cassettes de M. Fouquet plus de lettres de galanterie que de papiers d'importance; et, comme il s'y en rencontra de quelques femmes qu'on n'avait jamais soupçonnées d'avoir de commerce avec lui, ce fondement donna lieu de dire qu'il y en avait de toutes les plus honnêtes femmes de France; la seule qui fut convaincue, ce fut Mesneville, une des filles de la reine, et une des plus belles personnes, que le duc d'Anville** avait voulu épouser; elle fut chassée, et se retira dans un couvent[2].

---

* De Lionne, le Tellier, Colbert.
** Ci-devant comte de Brionne.

Troisième partie

Le comte de Guiches n'avait point suivi le roi au voyage de Nantes; avant qu'on partît pour y aller, madame avait appris certains discours qu'il avait tenus à Paris, et qui semblaient vouloir persuader au public que l'on ne se trompait pas de le croire amoureux d'elle. Cela lui avait déplu[1], d'autant plus que madame de Valentinois, qu'il avait priée de parler à madame en sa faveur, bien loin de le faire, lui avait toujours dit que son frère ne pensait pas à lever les yeux jusqu'à elle, et qu'elle la priait de ne point ajouter foi à tout ce que des gens qui voudraient s'entremettre, pourraient lui dire de sa part : ainsi madame ne trouva qu'une vanité offensante pour elle dans les discours du comte de Guiches : quoiqu'elle fût fort jeune, et que son peu d'expérience augmentât les défauts qui suivent la jeunesse, elle résolut de prier le roi d'ordonner au comte de Guiches de ne le point suivre à Nantes; mais la reine-mère avait déjà prévenu cette prière; ainsi la sienne ne parut pas.

Madame de Valentinois partit, pendant le voyage de Nantes, pour aller à Monaco; monsieur était toujours amoureux d'elle, c'est-à-dire, autant qu'il pouvait l'être[2]; elle était adorée dès son enfance par Puy-

Guilhem, cadet de la maison de Lauzun*; la parenté qui était entre eux lui avait donné une familiarité entière dans l'hôtel de Grammont, de sorte que s'étant trouvés tous deux très propres à avoir de violentes passions, rien n'était comparable à celle qu'ils avaient eue l'un pour l'autre. Elle avait été mariée depuis un an, contre son gré, au prince de Monaco; mais, comme son mari n'était pas assez aimable pour lui faire rompre avec son amant, elle l'aimait toujours passionnément; ainsi elle le quittait avec une douleur sensible; et lui, pour la voir encore, la suivait déguisé, tantôt en marchand, tantôt en postillon, enfin de toutes les manières qui le pouvaient rendre méconnaissable à ceux qui étaient à elle. En partant, elle voulut engager monsieur à ne point croire tout ce qu'on lui dirait de son frère, au sujet de madame, et elle voulut qu'il lui promît qu'il ne le chasserait point de la cour. Monsieur, qui avait déjà de la jalousie du comte de Guiches, et qui ressentait l'aigreur qu'on a pour ceux qu'on a fort aimés[2], et dont l'on croit avoir sujet de se plaindre, ne parut pas disposé à accorder ce qu'elle lui demanda; elle s'en fâcha, et ils se séparèrent mal.

La comtesse de Soissons, que le roi avait aimée, et qui aimait alors le marquis de Vardes, ne laissait pas d'avoir beaucoup de chagrin : le grand attachement que le roi prenait pour la Vallière en était cause, et d'autant plus que cette jeune personne, se gouvernant entièrement par les sentiments du roi, ne rendait compte ni à madame ni à la comtesse de Soissons, des choses qui se passaient entre le roi et elle; ainsi la comtesse de Soissons, qui avait toujours vu le roi chercher les plaisirs chez elle, voyait bien que cette galanterie l'en allait éloigner. Cela ne la rendit pas

* Depuis duc de Lauzun.

favorable à la Vallière; elle s'en aperçut, et la jalousie qu'on a d'ordinaire de celles qui ont été aimées de ceux qui nous aiment, se joignant au ressentiment des mauvais offices qu'elle lui rendait, lui donna une haine fort vive pour la comtesse de Soissons.

Quoique le roi désirât que la Vallière n'eût pas de confidente, il était impossible qu'une jeune personne, d'une capacité médiocre, pût contenir en elle-même une aussi grande affaire, que celle d'être aimée du roi. Madame avait une fille appelée Montalais.

C'était une personne qui avait naturellement beaucoup d'esprit, un esprit d'intrigue et d'insinuation; et il s'en fallait beaucoup que le bon sens et la raison réglassent sa conduite. Elle n'avait jamais vu de cour, que celle de madame douairière* à Blois, dont elle avait été fille d'honneur; ce peu d'expérience du monde, et beaucoup de galanterie, la rendaient toute propre à devenir confidente. Elle l'avait déjà été de la Vallière, pendant qu'elle était à Blois, où un nommé Bragelone en avait été amoureux; il y avait eu quelques lettres; madame de Saint-Remi s'en était aperçue; enfin, ce n'était pas une chose qui eût été loin; cependant, le roi en prit de grandes jalousies.

La Vallière trouvant donc dans la même chambre où elle était, une fille à qui elle s'était déjà fiée, s'y fia encore entièrement; et, comme Montalais avait beaucoup plus d'esprit qu'elle, elle y trouva un grand plaisir et un grand soulagement. Montalais ne se contenta pas de cette confidence de la Vallière, elle voulut encore avoir celle de madame. Il lui parut que cette princesse n'avait pas d'aversion pour le comte de Guiches; et, lorsque le comte de Guiches revint à Fontainebleau, après le voyage de Nantes, elle lui parla, et le tourna de tant de côtés, qu'elle lui fit

* Madame de Lorraine.

avouer qu'il était amoureux de madame. Elle lui promit de le servir, et ne le fit que trop bien.

La reine accoucha de monseigneur le dauphin, le jour de la Toussaint 1661. Madame avait passé tout le jour auprès d'elle, et, comme elle était grosse et fatiguée, elle se retira dans sa chambre, où personne ne la suivit, parce que tout le monde était encore chez la reine. Montalais se mit à genoux devant madame, et commença à lui parler de la passion du comte de Guiches. Ces sortes de discours naturellement ne déplaisent pas assez aux jeunes personnes, pour leur donner la force de les repousser; et de plus, madame avait une timidité à parler, qui fit que, moitié embarras, moitié condescendance, elle laissa prendre des espérances à Montalais. Dès le lendemain, elle apporta à madame une lettre du comte de Guiches; madame ne voulut point la lire; Montalais l'ouvrit et la lut; quelques jours après, madame se trouva mal; elle revint à Paris en litière, et, comme elle y montait, Montalais lui jeta un volume de lettres du comte de Guiches; madame les lut pendant le chemin, et avoua après à Montalais qu'elle les avait lues; enfin, la jeunesse de madame, l'agrément du comte de Guiches, mais surtout les soins de Montalais, engagèrent cette princesse dans une galanterie, qui ne lui a donné que des chagrins considérables. Monsieur avait toujours de la jalousie du comte de Guiches, qui néanmoins ne laissait pas d'aller aux Tuileries où madame logeait encore. Elle était considérablement malade. Il lui écrivait trois ou quatre fois par jour; madame ne lisait pas ses lettres la plupart du temps, et les laissait toutes à Montalais, sans lui demander même ce qu'elle en faisait; Montalais n'osait les garder dans sa chambre; elle les remettait entre les mains d'un amant qu'elle avait alors, nommé Malicorne. Le roi était venu à Paris peu de temps après madame; il voyait toujours la Vallière chez elle; il y venait le soir, et l'allait entretenir dans un cabinet. Toutes les portes, à la vérité, étaient ouvertes; mais on était plus éloigné d'y entrer que si elles avaient été fermées avec de l'airain.

Il se lassa néanmoins de cette contrainte; et, quoique la reine, sa mère, pour qui il avait encore de la crainte, le tourmentât incessamment sur la Vallière, elle feignit d'être malade, et il l'alla voir dans sa chambre.

La jeune reine ne savait point de qui le roi était amoureux; elle devinait pourtant bien qu'il l'était; et, ne sachant où placer sa jalousie, elle la mettait sur madame.

Le roi se douta de la confiance que la Vallière prenait en Montalais: l'esprit d'intrigue de cette fille lui déplaisait; il défendit à la Vallière de lui parler. Elle lui obéissait en public; mais Montalais passait les nuits entières avec elle, et bien souvent, le jour, s'y trouvait encore.

Madame, qui était malade, et qui ne dormait point, l'envoyait quelquefois quérir, sous prétexte de lui venir lire quelque livre. Lorsqu'elle quittait madame, c'était pour aller écrire au comte de Guiches, à quoi elle ne manquait pas trois fois par jour; et de plus à Malicorne, à qui elle rendait compte de l'affaire de madame, et de celle de la Vallière: elle avait encore la confidence de mademoiselle de Tonnay-Charente*, qui aimait le marquis de Marmoutiers, et qui souhaitait fort de l'épouser. Une seule de ses confidences eût pu occuper une personne entière, et Montalais seule suffisait à toutes.

Le comte de Guiches et elle se mirent dans l'esprit qu'il fallait qu'il vît madame en particulier. Madame,

* Depuis madame de Montespan.

qui avait de la timidité pour parler sérieusement, n'en avait point pour ces sortes de choses. Elle n'en voyait point les conséquences; elle y trouvait de la plaisanterie de roman. Montalais lui trouvait des facilités qui ne pouvaient être imaginées par une autre. Le comte de Guiches, qui était jeune et hardi, ne trouvait rien de plus beau que de tout hasarder; et madame et lui, sans avoir de véritable passion l'un pour l'autre, s'exposèrent au plus grand danger où l'on se soit jamais exposé. Madame était malade, et environnée de toutes ces femmes qui ont accoutumé d'être auprès d'une personne de son rang, sans se fier à pas une. Elle faisait entrer le comte de Guiches, quelquefois en plein jour, déguisé en femme qui dit la bonne aventure; et il la disait même aux femmes de madame, qui le voyaient tous les jours, et qui ne le reconnaissaient pas; d'autres fois par d'autres inventions, mais toujours avec beaucoup de hasards [1], et ces entrevues si périlleuses se passaient à se moquer de monsieur, et à d'autres plaisanteries semblables; enfin à des choses fort éloignées de la violente passion qui semblait les faire entreprendre. Dans ce temps-là, on dit un jour dans un lieu, où était le comte de Guiches avec Vardes, que madame était plus mal qu'on ne pensait, et que les médecins croyaient qu'elle ne guérirait pas de sa maladie. Le comte de Guiches en parut fort troublé; Vardes l'emmena, et lui aida à cacher son trouble. Le comte de Guiches lui avoua l'état où il était avec madame, et l'engagea dans sa confidence; madame désapprouva fort ce qu'avait fait le comte de Guiches : elle voulut l'obliger à rompre avec Vardes; il lui dit qu'il se battrait avec lui pour la satisfaire; mais qu'il ne pouvait rompre avec son ami.

Montalais, qui voulait donner un air d'importance à cette galanterie, et qui croyait qu'en mettant bien des gens dans cette confidence, elle composerait une intrigue qui gouvernerait l'état, voulut engager la Vallière dans les intérêts de madame : elle lui conta tout ce qui se passait au sujet du comte de Guiches, et lui fit promettre qu'elle n'en dirait rien au roi. En effet la Vallière, qui avait mille fois promis au roi de ne lui jamais rien cacher, garda à Montalais la fidélité qu'elle lui avait promise.

Madame ne savait point que la Vallière sût ses affaires; mais elle savait celles de la Vallière par Montalais. Le public entrevoyait quelque chose de la galanterie de madame et du comte de Guiches. Le roi en faisait de petites questions à madame; mais il était bien éloigné d'en savoir le fond. Je ne sais si ce fut sur ce sujet, ou sur quelqu'autre, qu'il tint de certains discours à la Vallière, qui lui firent juger que le roi savait qu'elle lui faisait finesse de quelque chose; elle se troubla, et lui fit connaître qu'elle lui cachait des choses considérables. Le roi se mit dans une colère épouvantable; elle ne lui avoua point ce que c'était; le roi se retira au désespoir contre elle. Ils étaient convenus plusieurs fois que, quelques brouilleries qu'ils eussent ensemble, ils ne s'endormiraient jamais sans se raccommoder et sans s'écrire. La nuit se passa sans qu'elle eût de nouvelles du roi; et, se croyant perdue, la tête lui tourna; elle sortit le matin des Tuileries, et s'en alla, comme une insensée, dans un petit couvent obscur qui était à Chaillot.

Le matin, on alla avertir le roi qu'on ne savait pas où était la Vallière. Le roi, qui l'aimait passionnément, fut extrêmement troublé; il vint aux Tuileries pour savoir de madame où elle était; madame n'en savait rien, et ne savait pas même le sujet qui l'avait fait partir.

Montalais était hors d'elle-même de ce qu'elle était désespérée, parce qu'elle était perdue à cause d'elle.

Le roi fit si bien qu'il sut où était la Vallière; il y alla à toute bride, lui quatrième. Il la trouva dans le parloir du dehors de ce couvent; on ne l'avait pas voulu recevoir au-dedans; elle était couchée à terre, éplorée et hors d'elle-même.

Le roi demeura seul avec elle; et, dans une longue conversation, elle lui avoua tout ce qu'elle lui avait caché; cet aveu n'obtint pas son pardon. Le roi lui dit seulement tout ce qu'il lui fallait dire pour l'obliger à revenir, et envoya chercher un carrosse pour la ramener.

Cependant il vint à Paris pour obliger monsieur à la recevoir : il avait déclaré tout haut qu'il était bien aise qu'elle fût hors de chez lui, et qu'il ne la reprendrait point. Le roi entra par un petit degré aux Tuileries, et alla dans un petit cabinet, où il fit venir madame, ne voulant pas se laisser voir, parce qu'il avait pleuré. Là, il pria madame de reprendre la Vallière, et lui dit tout ce qu'il venait d'apprendre d'elle et de ses affaires. Madame en fut étonnée, comme on se le peut imaginer; mais elle ne put rien nier; elle promit au roi de rompre avec le comte de Guiches, et consentit à recevoir la Vallière.

Le roi eut assez de peine à l'obtenir de madame; mais il la pria tant, les larmes aux yeux, qu'enfin il en vint à bout; la Vallière revint dans sa chambre; mais elle fut lontemps à revenir dans l'esprit du roi; il ne pouvait se consoler qu'elle eût été capable de lui cacher quelque chose, et elle ne pouvait supporter d'être moins bien avec lui; en sorte qu'elle eut pendant quelque temps l'esprit comme égaré.

Enfin le roi lui pardonna, et Montalais fit si bien, qu'elle entra dans la confidence du roi; il la questionna plusieurs fois sur l'affaire de Bragelone, dont il savait qu'elle avait connaissance; et, comme Montalais savait mieux mentir que la Vallière, il avait l'esprit en repos lorsqu'elle lui avait parlé. Il avait l'esprit néanmoins extrêmement blessé sur la crainte qu'il n'eût pas été le premier que la Vallière eût aimé; il craignait même qu'elle n'aimât encore Bragelone.

Enfin, il avait toutes les inquiétudes et les délicatesses d'un homme bien amoureux; et il est certain qu'il l'était fort, quoique la règle qu'il a naturellement dans l'esprit, et la crainte qu'il avait encore de la reine, sa mère, l'empêchassent de faire de certaines choses emportées que d'autres seraient capables de faire. Il est vrai aussi que le peu d'esprit de la Vallière empêchait cette maîtresse du roi de se servir des avantages et du crédit dont une si grande passion aurait fait profiter une autre; elle ne songeait qu'à être aimée du roi, et à l'aimer; elle avait beaucoup de jalousie de la comtesse de Soissons, chez qui le roi allait tous les jours, quoiqu'elle fît tous ses efforts pour l'en empêcher.

La comtesse de Soissons ne doutait pas de la haine que la Vallière avait pour elle; et ennuyée de voir le roi entre ses mains, le marquis de Vardes et elle, résolurent de faire savoir à la reine que le roi en était amoureux; ils crurent que la reine, sachant cet amour, et appuyée par la reine-mère, obligerait monsieur et madame à chasser la Vallière des Tuileries; et que le roi, ne sachant où la mettre, la mettrait chez la comtesse de Soissons qui, par là, s'en trouverait la maîtresse : et il espérait encore que le chagrin que témoignerait la reine, obligerait le roi à rompre avec la Vallière; et que, lorsqu'il l'aurait quittée, il s'attacherait à quelqu'autre dont ils seraient peut-être les maîtres. Enfin ces chimères, ou d'autres pareilles, leur firent prendre la plus folle résolution et la plus hasardeuse qui ait jamais été prise. Ils écrivirent une lettre à la reine, où ils l'instruisaient de tout ce qui se passait. La comtesse de Soissons ramassa dans la chambre de la reine un dessus de lettre du roi, son père : Vardes confia ce secret au comte de Guiches, afin que, comme il savait l'espagnol, il mît la lettre en cette langue : le comte de Guiches, par complaisance pour son ami, et par haine pour la Vallière, entra fortement dans ce beau dessein.

Ils mirent la lettre en espagnol, ils la firent écrire par un homme qui s'en allait en Flandre, et qui ne devait point revenir ; ce même homme l'alla porter au Louvre à un huissier, pour la donner à la signora Molina, première femme de chambre de la reine, comme une lettre d'Espagne ; la Molina trouva quelque chose d'extraordinaire à la manière dont cette lettre lui était venue ; elle trouva de la différence dans la façon dont elle était pliée : enfin, par instinct plutôt que par raison, elle ouvrit cette lettre et après l'avoir lue, elle l'alla porter au roi.

Quoique le comte de Guiches eût promis à Vardes de ne rien dire à madame de cette lettre, il ne laissa pas de lui en parler ; et madame, malgré sa promesse, ne laissa pas de le dire à Montalais ; mais ce ne fut de longtemps. Le roi fut dans une colère qui ne se peut représenter ; il parla à tous ceux qu'il crut pouvoir lui donner quelque connaissance de cette affaire, et même il s'adressa à Vardes, comme à un homme d'esprit, et à qui il se fiait. Vardes fut assez embarrassé de la commission que le roi lui donnait : cependant il trouva le moyen de faire tomber le soupçon sur madame de Navailles *, et le roi le crut si bien, que cela eut grande part aux disgraces qui lui arrivèrent depuis.

Cependant, madame voulait tenir la parole qu'elle

---

* Dame d'honneur de la jeune reine.

avait donnée au roi, de rompre avec le comte de Guiches; et Montalais s'était aussi engagée auprès du roi de ne se plus mêler de ce commerce. Néanmoins, avant que de commencer cette rupture, elle avait donné au comte de Guiches les moyens de voir madame, pour trouver ensemble, disait-elle, ceux de ne se plus voir. Ce n'est guère en présence que les gens qui s'aiment trouvent ces sortes d'expédients; aussi cette conversation ne fit pas un grand effet, quoiqu'elle suspendit pour quelque temps le commerce de lettres. Montalais promit encore au roi de ne plus servir le comte de Guiches, pourvu qu'il ne le chassât point de la cour, et madame demanda au roi la même chose.

Vardes, qui était pour lors absolument dans la confidence de madame, qui la voyait fort aimable et pleine d'esprit, soit par un sentiment d'amour, soit par un sentiment d'ambition et d'intrigue, voulut être seul maître de son esprit, et résolut de faire éloigner le comte de Guiches; il savait ce que madame avait promis au roi; mais il voyait que toutes les promesses seraient mal observées.

Il alla trouver le maréchal de Grammont; il lui dit une partie des choses qui se passaient; il lui fit voir le péril où s'exposait son fils, et lui conseilla de l'éloigner, et de demander au roi qu'il allât commander les troupes qui étaient alors à Nancy.

Le maréchal de Grammont, qui aimait son fils passionnément, suivit les sentiments de Vardes, et demanda ce commandement au roi. Et, comme c'était une chose avantageuse pour son fils, le roi ne douta point que le comte de Guiches ne la souhaitât, et la lui accorda.

Madame ne savait rien de ce qui se passait; Vardes ne lui avait rien dit de ce qu'il avait fait, non plus qu'au comte de Guiches, et on ne l'a su que depuis.

Madame était allée loger au Palais-Royal, où elle avait fait ses couches; tout le monde la voyait; et des femmes de la ville, peu instruites de l'intérêt qu'elle prenait au comte de Guiches, dirent dans la ville, comme une chose indifférente, qu'il avait demandé le commandement des troupes de Lorraine, et qu'il partait dans peu de jours.

Madame fut extrêmement surprise de cette nouvelle; le soir, le roi la vint voir. Elle lui en parla, et il lui dit qu'il était véritable que le maréchal de Grammont lui avait demandé ce commandement comme une chose que son fils souhaitait fort, et que le comte de Guiches l'en avait remercié.

Madame se trouva fort offensée que le comte de Guiches eût pris, sans sa participation, le dessein de s'éloigner d'elle; elle le dit à Montalais, et lui ordonna de le voir. Elle le vit, et le comte de Guiches, désespéré de s'en aller, et de voir madame mal satisfaite de lui, lui écrivit une lettre, par laquelle il lui offrit de soutenir au roi qu'il n'avait point demandé l'emploi de Lorraine, et en même temps de le refuser.

Madame ne fut pas d'abord satisfaite de cette lettre. Le comte de Guiches, qui était fort emporté, dit qu'il ne partirait point, et qu'il allait remettre le commandement au roi. Vardes eut peur qu'il ne fût assez fou pour le faire; il ne voulait pas le perdre, quoiqu'il voulût l'éloigner; il le laissa en garde à la comtesse de Soissons, qui entra dès ce jour dans cette confidence, et vint trouver madame pour qu'elle écrivît au comte de Guiches qu'elle voulait qu'il partît. Elle fut touchée de tous les sentiments du comte de Guiches, où il y avait, en effet, de la hauteur et de l'amour; elle fit ce que Vardes voulait, et le comte de Guiches se résolut à partir, à condition qu'il verrait madame.

Montalais, qui se croyait quitte de sa parole envers le roi, puisqu'il chassait le comte de Guiches, se chargea de cette entrevue ; et, monsieur devant venir au Louvre, elle fit entrer le comte de Guiches, sur le midi, par un escalier dérobé, et l'enferma dans un oratoire. Lorsque madame eut dîné, elle fit semblant de vouloir dormir, et passa dans une galerie où le comte de Guiches lui dit adieu : comme ils y étaient ensemble, monsieur revint ; tout ce qu'on put faire, fut de cacher le comte de Guiches dans une cheminée où il demeura longtemps sans pouvoir sortir. Enfin, Montalais l'en tira, et crut avoir sauvé tous les périls de cette entrevue ; mais, elle se trompait infiniment [1].

Une de ses compagnes, nommée Artigni*, dont la vie n'avait pas été bien exemplaire, la haïssait fort. Cette fille avait été mise dans la chambre par madame de la Basinière, autrefois Chimerault, à qui le temps n'avait pas ôté l'esprit d'intrigue, et elle avait grand pouvoir sur l'esprit de monsieur. Cette fille, qui épiait Montalais, et qui était jalouse de la faveur dont elle jouissait auprès de madame, soupçonna qu'elle menait quelque intrigue. Elle le découvrit à madame de la Basinière, qui la fortifia dans le dessein et dans le moyen de la découvrir. Elle lui joignit, pour espion, une appelée Merlot, et l'une et l'autre firent si bien, qu'elles virent entrer le comte de Guiches dans l'appartement de madame.

Madame de la Basinière en avertit la reine-mère par Artigni ; et la reine-mère, par une conduite qui ne se peut pardonner à une personne de sa vertu et de sa bonté, voulut que madame de la Basinière en avertît monsieur. Ainsi l'on dit à ce prince ce que l'on aurait caché à tout autre mari.

---

* Depuis la comtesse du Roule.

Il résolut, avec la reine sa mère, de chasser Montalais, sans en avertir madame, ni même le roi, de peur qu'il ne s'y opposât, parce qu'elle était alors fort bien avec lui, sans considérer que ce bruit allait faire découvrir ce que peu de gens savaient; ils résolurent seulement de chasser encore une autre fille de madame, dont la conduite personnelle n'était pas trop bonne.

Ainsi, un matin, la maréchale du Plessis, par ordre de monsieur, vint dire à ces deux filles, que monsieur leur ordonnait de se retirer; et, à l'heure même, on les fit mettre dans un carrosse. Montalais dit à la maréchale du Plessis qu'elle la conjurait de lui faire rendre ses cassettes, parce que, si monsieur les voyait, madame était perdue. La maréchale en alla demander la permission à monsieur; sans néanmoins lui en dire la cause; monsieur, par une bonté incroyable en un homme jaloux, laissa emporter les cassettes, et la maréchale du Plessis ne songea point à s'en rendre maîtresse pour les rendre à madame. Ainsi elles furent remises entre les mains de Montalais, qui se retira chez sa sœur. Quand madame s'éveilla, monsieur entra dans sa chambre, et lui dit qu'il avait fait chasser ses deux filles; elle en demeura fort étonnée, et il se retira sans lui en dire davantage. Un moment après, le roi lui envoya dire qu'il n'avait rien su de ce qu'on avait fait, et qu'il la viendrait voir le plutôt qu'il lui serait possible.

Monsieur alla faire ses plaintes et conter ses douleurs à la reine d'Angleterre, qui logeait alors au Palais-Royal; elle vint trouver madame, et la gronda un peu, et lui dit tout ce que monsieur avait de certitude, afin qu'elle lui avouât la même chose, et qu'elle ne lui en dît pas davantage.

Monsieur et madame eurent un grand éclaircissement ensemble : madame lui avoua qu'elle avait vu le comte de Guiches, mais que c'était la première fois, et qu'il ne lui avait écrit que trois ou quatre fois.

Monsieur trouva un si grand air d'autorité à se faire avouer par madame les choses qu'il savait déjà, qu'il lui en adoucit toute l'amertume; il l'embrassa et ne conserva que de légers chagrins. Ils auraient sans doute été plus violents à tout autre qu'à lui; mais il ne pensa point à se venger du comte de Guiches; et, quoique l'éclat que cette affaire fit dans le monde semblât par honneur l'y devoir obliger, il n'en témoigna aucun ressentiment; il tourna tous ses soins à empêcher que madame n'eût de commerce avec Montalais; et, comme elle en avait un très grand avec la Vallière, il obtint du roi que la Vallière n'en aurait plus. En effet, elle en eut très peu, et Montalais se mit dans un couvent.

Madame promit, comme on le peut juger, de rompre toutes sortes de liaisons avec le comte de Guiches, et le promit même au roi; mais elle ne lui tint pas parole. Vardes demeura le confident, au hasard même d'être brouillé avec le roi; mais, comme il avait fait confidence au comte de Guiches de l'affaire d'Espagne, cela faisait une telle liaison entre eux, qu'il ne pouvaient rompre sans folie. Il sut alors que Montalais était instruite de la lettre d'Espagne, et cela lui donnait des égards pour elle, dont le public ne pouvait deviner la cause, outre qu'il était bien aise de se faire un mérite auprès de madame de gouverner une personne qui avait tant de part à ses affaires.

Montalais ne laissait pas d'avoir quelque commerce avec la Vallière; et, de concert avec Vardes, elle lui écrivit deux grandes lettres, par lesquelles elle lui donnait des avis pour sa conduite, et lui disait tout ce qu'elle devait dire au roi. Le roi en fut dans une colère étrange, et envoya prendre Montalais par un exempt, avec ordre de la conduire à Fontevrault, et de ne la laisser parler à personne. Elle fut si heureuse, qu'elle sauva encore ses cassettes, et les laissa entre les mains de Malicorne, qui était toujours son amant.

La cour fut à St.-Germain. Vardes avait un grand commerce avec madame; car celui qu'il avait avec la comtesse de Soissons, qui n'avait aucune beauté, ne le pouvait détacher des charmes de madame. Sitôt qu'on fut à St.-Germain, la comtesse de Soissons, qui n'aspirait qu'à ôter à la Vallière la place qu'elle occupait, songea à engager le roi avec la Mothe-Houdancourt, fille de la reine. Elle avait déjà eu cette pensée avant que l'on partît de Paris; et peut-être même que l'espérance que le roi viendrait à elle, s'il quittait la Vallière, était une des raisons qui l'avait engagée à écrire la lettre d'Espagne. Elle persuada au roi que cette fille avait pour lui une passion extraordinaire; et le roi, quoiqu'il aimât avec passion la Vallière, ne laissa pas d'entrer en commerce avec la Mothe; mais il engagea la comtesse de Soissons à n'en rien dire à Vardes; et, en cette occasion, la comtesse de Soissons préféra le roi à son amant, et lui tut ce commerce.

Le chevalier de Grammont * était amoureux de la Mothe. Il démêla quelque chose de ce qui s'était passé, et épia le roi avec tant de soin, qu'il découvrit que le roi allait dans la chambre des filles.

Madame de Navailles, qui était alors dame d'honneur, découvrit aussi ce commerce. Elle fit murer des portes et griller des fenêtres, la chose fut sue; le roi chassa le chevalier de Grammont, qui fut plusieurs années sans avoir permission de revenir en France.

Vardes aperçut, par l'éclat de cette affaire, la finesse qui lui avait été faite par la comtesse de

---

* Depuis comte de Grammont.

Soissons, et en fut dans un désespoir si violent, que tous ses amis, qui l'avaient cru jusqu'alors incapable de passion, ne doutèrent pas qu'il n'en eût une très vive pour elle. Ils pensèrent rompre ensemble; mais le comte de Soissons*, qui ne soupçonnait rien au-delà de l'amitié entre Vardes et sa femme, prit le soin de les raccommoder. La Vallière eut des jalousies et des désespoirs inconcevables; mais le roi, qui était animé par la résistance de la Mothe, ne laissait pas de la voir toujours. La reine-mère le détrompa de l'opinion qu'il avait de la passion prétendue de cette fille; elle sut par quelqu'un cette intelligence, et que c'était le marquis d'Alluge et Fouilloux, amis intimes de la comtesse de Soissons, qui faisaient les lettres que la Mothe écrivait au roi, et elle sut, à point nommé, qu'elle lui en devait écrire une, qui avait été concertée entre eux, pour lui demander l'éloignement de la Vallière.

Elle en dit les propres termes au roi, pour lui faire voir qu'il était dupé par la comtesse de Soissons : et le soir même, comme elle donna la lettre au roi, y trouvant ce qu'on avait dit, il brûla la lettre, rompit avec la Mothe, demanda pardon à la Vallière, et lui avoua tout; en sorte que, depuis ce temps-là, la Vallière n'en eut aucune inquiétude, et la Mothe s'est piquée depuis d'avoir une passion pour le roi, qui l'a rendue une vestale pour tous les autres hommes.

L'aventure de la Mothe fut ce qui se passa de plus considérable à St.-Germain. Vardes paraissait déjà amoureux de madame aux yeux de ceux qui les avaient bons; mais monsieur n'en avait aucune jalousie, et au contraire était fort aise que madame eût de la confiance en lui.

La reine-mère n'en était pas de même; elle haïssait

---

* De la maison de Savoie.

Vardes, et ne voulait pas qu'il se rendit maître de l'esprit de madame.

On revint à Paris. La Vallière était toujours au Palais-Royal; mais elle ne suivait point madame, et même elle ne la voyait que rarement. Artigni, quoiqu'ennemie de Montalais, prit sa place auprès de la Vallière; elle avait toute sa confiance, et était tous les jours entre le roi et elle.

Montalais supportait impatiemment la prospérité de son ennemie, et ne respirait que les occasions de s'en venger, et de venger en même temps madame de l'insolence qu'Artigni avait eue de découvrir ce qui la regardait.

Lorsqu'Artigni vint à la cour, elle y arriva grosse; et sa grossesse était déjà si avancée, que le roi, qui n'en avait point ouï parler, s'en aperçut, et le dit en même temps; sa mère la vint quérir, sous prétexte qu'elle était malade. Cette aventure n'aurait pas fait beaucoup de bruit; mais Montalais fit si bien qu'elle trouva le moyen d'avoir des lettres qu'Artigni avait écrites pendant sa grossesse au père de l'enfant, et remit ces lettres entre les mains de madame; de sorte que madame, ayant un si juste sujet de chasser une personne dont elle avait tant de raisons de se plaindre, déclara qu'elle voulait chasser Artigni, et en dit toutes les raisons. Artigni eut recours à la Vallière. Le roi, à sa prière, voulut empêcher madame de la chasser; cette affaire fit beaucoup de bruit, et causa même de la brouillerie entre le roi et elle. Les lettres furent remises entre les mains de madame de Montausier* et de Saint-Chaumont, pour vérifier l'écriture; mais enfin Vardes, qui voulait faire des choses agréables au roi, afin qu'il ne trouvât pas à redire au commerce qu'il avait

---

* Dame d'honneur de la reine.

avec madame, se fit fort d'engager madame à garder Artigni; et, comme madame était fort jeune, qu'il était fort habile, et qu'il avait un grand crédit sur son esprit, il l'y obligea effectivement.

Artigni avoua au roi la vérité de son aventure. Le roi fut touché de sa confiance; il profita depuis des bonnes dispositions qu'elle lui avait avouées; et, quoique ce fût une personne d'un très médiocre mérite, il l'a toujours bien traitée depuis, et a fait sa fortune, comme nous le dirons ci-après.

Madame et le roi se raccommodèrent. On dansa pendant l'hiver un joli ballet. La reine ignorait toujours que le roi fût amoureux de la Vallière, et croyait que c'était de madame.

Monsieur était extrêmement jaloux du prince de Marsillac, aîné du duc de la Rochefoucault, et il l'était d'autant plus, qu'il avait pour lui une inclination naturelle, qui lui faisait croire que tout le monde devait l'aimer.

Marsillac, en effet, était amoureux de madame; il ne lui faisait paraître que par ses yeux, ou par quelques paroles jetées en l'air qu'elle seule pouvait entendre; elle ne répondait point à sa passion; elle était fort occupée de l'amitié que Vardes avait pour elle, qui tenait plus de l'amour que de l'amitié; mais, comme il était embarrassé de ce qu'il devait au comte de Guiches, et qu'il était partagé par l'engagement qu'il avait avec la comtesse de Soissons, il était fort incertain de ce qu'il devait faire, et ne savait s'il devait s'engager entièrement avec madame, ou demeurer seulement son ami.

Monsieur fut si jaloux de Marsillac, qu'il l'obligea de s'en aller chez lui. Dans le temps qu'il partit, il arriva une aventure qui fit beaucoup d'éclat, et dont la vérité fut cachée pendant quelque temps.

Au commencement du printemps, le roi alla passer

quelques jours à Versailles. La rougeole lui prit, dont il fut si mal, qu'il pensa aux ordres qu'il devait donner à l'état, et il résolut de mettre monseigneur le dauphin entre les mains du prince de Conti, que la dévotion avait rendu un des plus honnêtes hommes de France. Cette maladie ne fut dangereuse que pendant vingt-quatre heures; mais, quoiqu'elle le fût pour ceux qui la pouvait prendre, tout le monde ne laissa pas d'y aller.

Monsieur le duc y fut, et prit la rougeole : madame y alla aussi, quoiqu'elle la craignît beaucoup. Ce fut là que Vardes, pour la première fois, lui parla assez clairement de la passion qu'il avait pour elle. Madame ne le rebuta pas entièrement; il est difficile de maltraiter un confident aimable, quand l'amant est absent.

Madame de Châtillon* qui approchait alors madame de plus près qu'aucune autre, s'était aperçue de l'inclination que Vardes avait pour elle; et, quoiqu'ils eussent été brouillés ensemble, après avoir été fort bien, elle se raccommoda avec lui, autant pour entrer dans la confidence de madame, que pour le plaisir, de voir souvent un homme qui lui plaisait fort.

Le comte du Plessis, premier gentilhomme de la chambre de monsieur, par une complaisance extraordinaire pour madame, avait toujours été porteur des lettres qu'elle écrivait à Vardes, et de celles que Vardes lui écrivait; et, quoiqu'il dût bien juger que ce commerce regardait le comte de Guiches, et ensuite Vardes même, il ne laissa pas de continuer.

Cependant, Montalais était toujours comme prisonnière à Fontevrault. Malicorne et un appelé Corbinelli, qui était un garçon d'esprit et de mérite,

---

* Depuis madame de Mekelbourg.

et qui s'était trouvé dans la confidence de Montalais, avaient entre les mains toutes les lettres dont elle avait été dépositaire, et ces lettres étaient d'une conséquence extrême pour le comte de Guiches et pour madame, parce que, pendant qu'il était à Paris, comme le roi ne l'aimait pas naturellement, et qu'il avait cru avoir des sujets de s'en plaindre, il ne s'était point ménagé en écrivant à madame, et s'était abandonné à beaucoup de plaisanteries et de choses offensantes contre le roi. Malicorne et Corbinelli voyant Montalais si fort oubliée, et craignant que le temps ne diminuât l'importance des lettres qu'ils avaient entre les mains, résolurent de voir s'ils ne pourraient pas en tirer quelque avantage pour Montalais, dans un temps où l'on ne pouvait l'accuser d'y avoir part.

Ils firent donc parler de ces lettres à madame par la mère de la Fayette [1], supérieure de Chaillot; et l'on fit aussi entendre au maréchal de Grammont, qu'il devait aussi songer aux intérêts de Montalais, puisqu'elle avait entre ses mains des secrets si considérables.

Vardes connaissait fort Corbinelli; Montalais lui avait dit l'amitié qu'elle avait pour lui : et, comme le dessein de Vardes était de se rendre maître des lettres, il ménageait fort Corbinelli, et tâchait de l'engager à ne les faire rendre que par lui.

Il sut par madame, que d'autres personnes lui proposaient de les lui faire rendre; il vint trouver Corbinelli comme un désespéré, et Corbinelli, sans lui avouer que c'était par lui que les propositions s'étaient faites, promit à Vardes que les lettres ne passeraient que par ses mains.

Lorsque Marsillac avait été chassé, Vardes, dont les intentions étaient déjà de brouiller entièrement le comte de Guiches avec madame, avait écrit au comte qu'elle avait une galanterie avec Marsillac. Le comte de Guiches trouvant que ce que lui mandait son meilleur ami, et l'homme de la cour qui voyait madame de plus près, s'accordait avec les bruits qui couraient, ne douta point qu'ils ne fussent véritables, et écrivit à Vardes, comme persuadé de l'infidélité de madame.

Quelque temps auparavant, Vardes, pour se faire un mérite auprès de madame, lui dit, qu'il fallait aussi retirer les lettres que le comte de Guiches avait d'elle. Il écrivit au comte de Guiches, que, puisqu'on trouvait moyen de retirer celles qu'il avait écrites à madame, il fallait qu'il lui rendît celles qu'il avait d'elle. Le comte de Guiches y consentit sans peine, et manda à sa mère de remettre, entre les mains de Vardes, une cassette qu'il lui avait laissée.

Tout ce commerce pour faire rendre les lettres, fit trouver à Vardes et à madame une nécessité de se voir; et la mère de la Fayette, croyant qu'il ne s'agissait que de rendre des lettres, consentit que Vardes vînt secrètement à un parloir de Chaillot parler à madame. Ils eurent une fort longue conversation, et Vardes dit à madame, que le comte de Guiches était persuadé qu'elle avait une galanterie avec Marsillac; il lui montra même les lettres que le comte de Guiches lui écrivait, où il ne paraissait pas néanmoins que ce fût lui qui eût donné l'avis, et là-dessus il disait tout ce que peut dire un homme qui veut prendre la place de son ami; et, comme l'esprit et la jeunesse de Vardes le rendaient très aimable, et que madame avait une inclination pour lui plus naturelle que pour le comte de Guiches, il était difficile qu'il ne fît pas quelques progrès dans son esprit.

Ils résolurent dans cette entrevue, qu'on retirerait ses lettres qui étaient entre les mains de Montalais :

ceux qui les avaient les rendirent en effet; mais ils gardèrent toutes celles qui étaient d'importance. Vardes les rendit à madame, chez la comtesse de Soissons, avec celles qu'elle avait écrites au comte de Guiches, et elles furent brûlées à l'heure même.

Quelques jours après, madame et Vardes convinrent ensemble de se voir encore à Chaillot; madame y alla; mais Vardes n'y fut pas, et s'excusa sur de très méchantes raisons. Il se trouva que le roi avait su la première entrevue, et, soit que Vardes même le lui eût dit, et qu'il crût que le roi n'en approuverait pas une seconde, soit qu'il craignît la comtesse de Soissons, enfin, il n'y alla pas. Madame en fut extrêmement indignée. Elle lui écrivit une lettre où il avait beaucoup de hauteur et de chagrin, et ils furent brouillés quelque temps.

La reine-mère fut malade pendant la plus grande partie de l'été; cela fut cause que la cour ne quitta Paris qu'au mois de juillet. Le roi en partit pour prendre Marsal; tout le monde le suivit. Marsillac, qui n'avait eu qu'un avis de s'éloigner, et qui n'en avait point d'ordre, revint et suivit le roi.

Comme madame vit que le roi irait en Lorraine, et qu'il verrait le comte de Guiches, elle craignit qu'il n'avouât au roi le commerce qu'ils avaient ensemble, et elle lui manda que, s'il lui en disait quelque chose, elle ne le verrait jamais. Cette lettre n'arriva qu'après que le roi eût parlé au comte de Guiches, et qu'il lui eût avoué tout ce que madame lui avait caché.

Le roi le traita si bien pendant ce voyage, que tout le monde en fut surpris. Vardes, qui savait ce que madame avait écrit au comte de Guiches, fit semblant d'ignorer qu'il n'avait pas reçu la lettre; il manda à madame que la nouvelle faveur du comte de Guiches l'avait tellement ébloui, qu'il avait tout avoué au roi.

Madame fut fort en colère contre le comte de Guiches, et, ayant un si juste sujet de rompre avec lui, et peut-être ayant d'ailleurs envie de le faire, elle lui écrivit une lettre pleine d'aigreur, et rompit avec lui en lui défendant de jamais nommer son nom.

Le comte de Guiches, après la prise de Marsal, n'ayant plus rien à faire en Lorraine, avait demandé au roi la permission de s'en aller en Pologne. Il avait écrit à madame tout ce qui la pouvait adoucir sur sa faute; mais madame ne voulut pas recevoir ses excuses, et lui écrivit cette lettre de rupture dont je viens de parler. Le comte de Guiches la reçut lorsqu'il était prêt à s'embarquer, et il en eut un si grand désespoir, qu'il eût souhaité que la tempête, qui s'élevait dans le moment, lui donnât lieu de finir sa vie. Son voyage fut néanmoins très heureux; il fit des actions extraordinaires; il s'exposa à de grands périls dans la guerre contre les Moscovites, et y reçut même un coup dans l'estomac, qui l'eût tué sans doute, sans un portrait de madame, qu'il portait dans une fort grosse boîte qui reçut le coup, et qui en fut toute brisée.

Vardes était assez satisfait de voir le comte de Guiches si éloigné de madame en toute façon; Marsillac était le seul rival qui lui restât à combattre, et, quoique Marsillac lui eût toujours nié qu'il fût amoureux de madame, quelque offre de l'y servir qu'il lui eût pu faire, il sut si bien le tourner et de tant de côtés, qu'il le lui fit avouer : ainsi il se trouva le confident de son rival [1].

Comme il était intime ami de M. de la Rochefoucault [2], à qui la passion de son fils pour madame déplaisait infiniment, il engageait monsieur à ne point faire de mal à Marsillac; néanmoins, au retour de Marsal, comme on était à une assemblée, il reprit un soir à monsieur une jalousie sur Marsillac; il appela Vardes pour lui en parler ; et Vardes, pour lui faire sa cour, et pour faire chasser Marsillac, lui dit qu'il s'était aperçu de la manière dont Marsillac avait regardé madame, et qu'il en allait avertir M. de la Rochefoucault.

Il est aisé de juger que l'approbation d'un homme comme Vardes, qui était ami de Marsillac, n'augmenta pas peu la mauvaise humeur de monsieur, et il voulut encore que Marsillac se retirât. Vardes vint trouver M. de la Rochefoucault, et lui conta assez malignement ce qu'il avait dit à monsieur, qui le conta aussi à M. de la Rochefoucault. Vardes et lui furent prêts à se brouiller entièrement, et d'autant plus que la Rochefoucault sut alors que son fils avait avoué sa passion pour madame.

Marsillac partit de la cour, et, passant par Moret, où était Vardes, il ne voulut point d'éclaircissement avec lui ; mais, depuis ce temps-là, ils n'eurent plus que des apparences l'un pour l'autre.

Cette affaire fit beaucoup de bruit, et l'on n'eut pas de peine à juger que Vardes était amoureux de madame. La comtesse de Soissons commença même à en avoir de la jalousie ; mais Vardes la ménagea si bien que rien n'éclata.

Nous avons laissé Vardes content d'avoir fait chasser Marsillac, et de savoir le comte de Guiches en Pologne ; il lui restait deux personnes qui l'incommodaient encore, et qu'il ne voulait pas qui fussent des amis de madame. Le roi en était un ; l'autre, était Gondrin, archevêque de Sens.

Il se défit bientôt du dernier, en lui disant que le roi le croyait amoureux de madame, et qu'il avait fait la plaisanterie de dire qu'il faudrait bientôt envoyer un archevêque à Sens ; cela lui fit gagner son diocèse, d'où il revenait rarement.

Il se servit aussi de cette même plaisanterie, pour

dire à madame que le roi la haïssait, et qu'elle devait s'assurer de l'amitié du roi, son frère, afin qu'il pût la défendre contre la mauvaise volonté de l'autre. Madame lui dit qu'elle en était assurée; il l'engagea à lui faire voir les lettres que son frère lui écrivait; elle le fit, et il s'en fit valoir auprès du roi, en lui dépeignant madame comme une personne dangereuse; mais que le crédit qu'il avait sur elle l'empêcherait de rien faire mal à propos.

Il ne laissa pourtant pas, dans le temps qu'il faisait de telles trahisons à madame, de paraître s'abandonner à la passion qu'il disait avoir pour elle, et de lui dire tout ce qu'il savait du roi.

Il la pria même de lui permettre de rompre avec la comtesse de Soissons, ce qu'elle ne voulut pas souffrir; car, quoiqu'elle eût assurément trop d'indulgence pour sa passion, elle ne laissait pas d'entrevoir que son procédé n'était pas sincère, et cette pensée empêcha madame de s'engager; elle se brouilla même avec lui très peu de temps après.

Dans ce même temps, madame de Mekelbourg et madame de Montespan étaient les deux personnes qui paraissaient le mieux avec madame; la dernière était jalouse de l'autre, et, cherchant pour la détruire tous les moyens possibles, elle rencontra celui que je vais dire. Madame d'Armagnac était alors en Savoie, où elle avait conduit madame de Savoie. Monsieur pria madame de la mettre, à son retour, de toutes les parties de plaisir qu'elle ferait; madame y consentit, quoiqu'il lui parût que madame d'Armagnac cherchait plutôt à s'en retirer. Madame de Mekelbourg dit à madame qu'elle en savait la raison. Elle lui conta que dans le temps du mariage de madame d'Armagnac, elle avait une affaire réglée avec Vardes, et que, désirant de retirer de lui ses lettres, il lui avait dit qu'il ne les lui rendrait que quand il serait assuré qu'elle n'aimerait personne.

Avant que d'aller en Savoie, elle avait fait une tentative pour les ravoir, à laquelle il avait résisté, disant qu'elle aimait monsieur, ce qui lui faisait appréhender de se trouver chez madame, de peur de l'y rencontrer.

Madame résolut, sachant cela, de redemander à Vardes ses lettres pour les lui rendre, afin qu'elle n'eût plus rien à ménager; madame le dit à la Montespan, qui l'en loua; mais qui s'en servit pour lui jouer la pièce la plus noire qu'on puisse s'imaginer.

En ce même temps, M. le Grand aimait madame, et, quoiqu'il le lui fît connaître très grossièrement, il crut que, puisqu'elle n'y répondait pas, elle ne le comprenait point; cela lui fit prendre la résolution de lui écrire; mais ne se trouvant pas assez d'esprit, il pria monsieur de Luxembourg et l'archevêque de Sens de faire la lettre, qu'il voulait mettre dans la poche de madame, au Val-de-Grâce, afin qu'elle ne la pût refuser; ils ne jugèrent pas à propos de le faire, et avertirent madame de son extravagance. Madame les pria de faire en sorte qu'il ne pensât plus à elle, et, en effet, ils y réussirent.

Mais madame d'Armagnac, revenant de Savoie, se trouva fort jalouse; madame de Montespan lui dit qu'elle avait raison de l'être, et, pour la prévenir, alla au-devant d'elle lui conter que madame voulait avoir ses lettres pour lui faire du mal, et qu'à moins qu'elle ne perdît madame de Mekelbourg, on la perdrait elle-même. Madame d'Armagnac, qui employait volontiers le peu d'esprit qu'elle avait à faire du mal, conclut, avec madame de Montespan, qu'il fallait perdre madame de Mekelbourg; elles y travaillèrent auprès de la reine-mère, par M. de

Beauvais, et auprès de monsieur, en lui représentant que madame de Mekelbourg avait trop méchante réputation, pour la laisser auprès de madame.

Elle, de son côté, voulut faire tant de finesses, qu'elle acheva de se détruire, et monsieur lui défendit de voir madame. Madame, au désespoir de l'affront qu'une de ses amies recevait, défendit à mesdames de Montespan et d'Armagnac de se présenter devant elle. Elle voulut même obliger Vardes à menacer cette dernière, en lui disant que, si elle ne faisait revenir madame de Mekelbourg, il remettrait entre ses mains les lettres en question; mais au lieu de le faire, il se fit valoir de la proposition, ce qui fortifia madame dans la pensée qu'elle avait que c'était un grand fourbe [1].

Monsieur l'avait aussi découvert par des redites qu'il avait faites entre le roi et lui; ainsi, il n'osa plus venir chez madame que rarement et voyant que madame, dans ses lettres, ne lui rendait pas compte des conversations fréquentes qu'elle avait avec le roi, il commença à croire que le roi devenait amoureux d'elle, ce qui le mit au désespoir.

Dans le même temps, on sut, par des lettres de Pologne, que le comte de Guiches, après avoir fait des actions extraordinaires de valeur, était réduit, avec l'armée de Pologne, dans un état d'où il n'était pas possible de se sauver. L'on conta cette nouvelle au souper du roi; madame en fut si saisie, qu'elle fut heureuse que l'attention que tout le monde avait pour la relation, empêchât de remarquer le trouble où elle était.

Madame sortit de table; elle rencontra Vardes, et lui dit : « je vois bien que j'aime le comte de Guiches plus que je ne pense ». Cette déclaration, jointe aux soupçons qu'il avait du roi, lui firent prendre la résolution de changer de manière d'agir avec madame.

Je crois qu'il eût rompu incontinent avec elle, si des considérations trop fortes ne l'eussent retenu. Il lui fit des plaintes sur les deux sujets qu'il en avait. Madame lui répondit, en plaisantant, que, pour le roi, elle lui permettait le personnage de chabanier, et que, pour le comte de Guiches, elle lui apprendrait combien il avait fait de choses pour le brouiller avec elle, s'il ne souffrait qu'elle lui fît part de ce qu'elle sentait pour lui : il manda ensuite à madame, qu'il commençait à sentir que la comtesse de Soissons ne lui était pas indifférente. Madame lui répondit que son nez l'incommoderait trop dans son lit, pour qu'il lui fût possible d'y demeurer ensemble. Depuis ce temps-là, l'intelligence de madame et de Vardes était fondée plutôt sur la considération, que sur aucune des raisons qui l'avaient fait naître.

L'on alla cet été à Fontainebleau; monsieur, ne pouvant souffrir que ses deux amies, mesdames d'Armagnac et de Montespan, fussent exclues de toutes les parties de plaisir, par la défense que madame leur avait faite de paraître en sa présence, consentit que madame de Mekelbourg reverrait madame; et elles le firent toutes trois, avant que la cour partît de Paris; mais les deux premières ne rentrèrent jamais dans les bonnes grâces de madame, surtout madame de Montespan.

L'on ne songea qu'à se divertir à Fontainebleau; et, parmi toutes les fêtes, la dissension des dames faisant toujours quelques affaires, celle qui fit le plus de bruit, vint d'un médianoche, où le roi pria madame d'assister. Cette fête devait se donner sur le canal, dans un bateau fort éclairé, et accompagné d'autres, où étaient des violons et la musique.

Jusqu'à ce jour, la grossesse de madame l'avait empêchée d'être des promenades; mais, se trouvant dans le neuvième mois, elle fut de toutes; elle pria le roi d'en exclure mesdames d'Armagnac et de Montespan; mais monsieur, qui croyait l'autorité d'un mari choquée par l'exclusion qu'on donnait à ses amies, déclara qu'il ne se trouverait pas aux fêtes, où ces dames ne seraient pas.

La reine-mère, qui continuait à haïr madame, le fortifia dans cette résolution, et s'emporta fort contre le roi qui prenait le parti de madame. Elle eut le dessus néanmoins, et les dames ne furent point du médianoche, dont elle pensèrent enrager.

La comtesse de Soissons, qui, depuis longtemps avait été jalouse de madame jusqu'à la folie, ne laissait pas de vivre bien avec elle; un jour qu'elle était malade, elle pria madame de l'aller voir; et, voulant être éclaircie de ses sentiments pour Vardes, après lui avoir fait beaucoup de protestations d'amitié, elle reprocha à madame le commerce que depuis trois ans elle avait avec Vardes, à son insu; que, si c'était galanterie, c'était lui faire un tour bien sensible, et que, si ce n'était qu'amitié, elle ne comprenait pas pourquoi madame voulait la lui cacher, sachant combien elle était attachée à ses intérêts.

Comme madame aimait extrêmement à tirer ses amies d'embarras, elle dit à la comtesse qu'il n'y avait jamais eu dans le cœur de Vardes aucun sentiment dont elle pût se plaindre; la comtesse pria madame, puisque cela était, de dire, devant Vardes, qu'elle ne voulait plus de commerce avec lui que par elle. Madame y consentit; on envoya quérir Vardes dans le même moment; il fut un peu surpris; mais, quand il vit qu'au lieu de chercher à le brouiller, madame prenait toutes les fautes sur elle, il vint la remercier, et l'assura qu'il lui serait toute sa vie redevable des marques de sa générosité.

Mais la comtesse de Soissons, craignant toujours

qu'on ne lui eût fait quelque finesse, tourna tant Vardes, qu'il se coupa sur deux ou trois choses; elle en parla à madame pour s'éclaircir, et lui apprit que Vardes lui avait fait une insigne trahison auprès du roi, en lui montrant les lettres du roi d'Angleterre.

Madame ne s'emporta pourtant pas contre Vardes; elle soutint toujours qu'il était innocent envers la comtesse, quoiqu'elle fût très malcontente de lui; mais elle ne voulait pas paraître menteuse, et il fallait le paraître pour dire la vérité.

La comtesse dit pourtant tout le contraire à Vardes, ce qui acheva de lui tourner la tête; il lui avoua tout, et comment il n'avait tenu qu'à madame qu'il ne l'eût vue de toute sa vie. Jugez dans quel désespoir fut la comtesse. Elle envoya prier madame de l'aller voir. Madame la trouva dans une douleur inconcevable des trahisons de son amant. Elle pria madame de lui dire la vérité, et lui dit qu'elle voyait bien que la raison qui l'en avait empêchée était une bonté pour Vardes, que ses trahisons ne méritaient pas.

Sur cela, elle conta à madame tout ce qu'elle savait, et, dans cette confrontation qu'elles firent entre elles, elles découvrirent des tromperies qui passent l'imagination; la comtesse jura qu'elle ne verrait Vardes de sa vie; mais que ne peut une violente passion! Vardes joua si bien la comédie, qu'il l'apaisa [1].

Quatrième partie

Dans ce temps, le comte de Guiches revint de Pologne; monsieur souffrit qu'il revînt à la cour; mais il exigea de son père qu'il ne se trouverait pas dans les lieux où se trouverait madame. Il ne laissait pas de la rencontrer souvent, et de l'aimer en la revoyant, quoique l'absence eut été longue, que madame eût rompu avec lui, et qu'il fût incertain de ce qu'il devait croire de l'affaire de Vardes.

Il ne savait plus de moyen de s'éclaircir avec madame : Godoux, qui était le seul homme en qui il se fiait, n'était pas à Fontainebleau; et ce qui acheva de le mettre au désespoir, fut que, comme madame savait que le roi était instruit des lettres qu'elle lui avait écrites à Nancy, et du portrait qu'il avait d'elle, elle les lui fit redemander par le roi même, à qui il les rendit avec toute la douleur possible, et toute l'obéissance qu'il a toujours eue pour les ordres de madame.

Cependant Vardes, qui se sentait coupable envers son ami, lui embrouilla tellement les choses, qu'il lui pensa faire tourner la tête : tous ses raisonnements lui faisaient connaître qu'il était trompé; mais il ignorait si madame avait part à la tromperie, ou si Vardes seul était coupable. Son humeur violente ne le pouvant laisser dans cette inquiétude, il résolut de prendre madame de Mekelbourg pour juge; et Vardes la lui nomma comme un témoin de sa fidélité; mais il ne le voulut qu'à condition que madame y consentirait.

Il lui en écrivit par Vardes, pour l'en prier. Madame était accouchée de mademoiselle de Valois, et ne voyait encore personne; mais Vardes lui demanda une audience avec tant d'instance, qu'elle la lui accorda. Il se jeta d'abord à genoux devant elle; il se mit à pleurer et à lui demander grâce, lui offrant de cacher, si elle voulait être de concert avec lui, tout le commerce qui avait été entre eux.

Madame lui déclara qu'au lieu d'accepter cette proposition, elle voulait que le comte de Guiches en sût la vérité; que, comme elle avait été trompée, et qu'elle avait donné dans des panneaux dont personne n'aurait pu se défendre, elle ne voulait pas d'autre justification que la vérité, au travers de laquelle on verrait que ses bontés, entre les mains de tout autre que lui, n'auraient pas été tournées comme elles l'avaient été.

Il voulut ensuite lui donner la lettre du comte de Guiches; mais elle la refusa, et elle fit très bien; car Vardes l'avait déjà montrée au roi, et lui avait dit que madame le trompait.

Il pria encore madame de nommer quelqu'un pour les accommoder; elle consentit, pour empêcher qu'ils ne se battissent, que la paix se fît chez madame de Mekelbourg; mais madame ne voulait pas qu'il parût que cette entrevue se fît de son consentement. Vardes, qui avait espéré tout autre chose, était dans un désespoir non pareil; il se cognait la tête contre les murailles; il pleurait et faisait toutes les extravagances possibles; mais madame tint ferme, et ne se relâcha point, dont bien lui prit.

Quand Vardes fut sorti, le roi arriva; madame lui conta comment la chose s'était passée, dont le roi fut si content, qu'il entra en éclaircissement avec elle, et lui promit de l'aider à démêler les fourberies de Vardes, qui se trouvèrent si excessives, qu'il serait impossible de les définir.

Madame se tira de ce labyrinthe en disant toujours la vérité; et sa sincérité la maintint auprès du roi.

Le comte de Guiches, cependant, était très affligé de ce que madame n'avait pas voulu recevoir sa lettre; il crut qu'elle ne l'aimait plus, et il prit la résolution de voir Vardes chez madame de Mekelbourg, pour se battre contre lui; elle ne les voulut point recevoir, de sorte qu'ils demeurèrent dans un état, dont on attendait tous les jours quelque éclat horrible.

Le roi retourna en ce temps à Vincennes. Le comte de Guiches, qui ne savait dans quels sentiments madame était pour lui, ne pouvant plus demeurer dans cette incertitude, résolut de prier la comtesse de Grammont, qui était Anglaise, de parler à madame; et il l'en pressa tant, qu'elle y consentit; son mari même se chargea d'une lettre qu'elle ne voulut par recevoir. Madame lui dit que le comte de Guiches avait été amoureux de mademoiselle de Grancey, sans lui avoir fait dire que c'était un prétexte; qu'elle se trouvait heureuse de n'avoir point d'affaire avec lui, et que, s'il eût agi autrement, son inclination et la reconnaissance l'auraient fait consentir, malgré les dangers auxquels elle s'exposait, à conserver pour lui les sentiments qu'il aurait pu désirer [1]

Cette froideur renouvela tellement la passion du comte de Guiches, qu'il était tous les jours chez la comtesse de Grammont, pour la prier de parler à madame en sa faveur : enfin, le hasard lui donna occasion de lui parler à elle-même plus qu'il ne l'espérait.

Madame de la Vieville donna un bal chez elle. Madame fit partie pour y aller en masque avec monsieur; et, pour n'être pas reconnue, elle fit habiller magnifiquement ses filles et quelques dames de sa suite, et elle, avec monsieur, alla avec des capes, dans un carrosse emprunté.

Ils trouvèrent à la porte une troupe de masques. Monsieur leur proposa, sans les connaître, de s'associer à eux, et en prit un par la main; madame en fit autant. Jugez quelle fut sa surprise, quand elle trouva la main estropiée du comte de Guiches, qui reconnut aussi les sachets dont les coiffes de madame étaient parfumées : peu s'en fallut qu'ils ne jetassent un cri tous les deux, tant cette aventure les surprit.

Ils étaient l'un et l'autre dans un si grand trouble, qu'ils montèrent l'escalier sans se rien dire. Enfin le comte de Guiches, ayant reconnu monsieur, et ayant vu qu'il s'était allé asseoir loin de madame, s'était mis à ses genoux, et eut le temps non seulement de se justifier, mais d'apprendre de madame tout de qui s'était passé pendant son absence : il eut beaucoup de douleur qu'elle eût écouté Vardes; mais il se trouva si heureux de ce que madame lui pardonnait sa ravauderie avec mademoiselle de Grancey, qu'il ne se plaignit pas.

Monsieur rappela madame; et le comte de Guiches, de peur d'être reconnu, sortit le premier; mais le hasard, qui l'avait amené en ce lieu, le fit amuser au bas du degré. Monsieur était un peu inquiet de la conversation que madame avait eue; elle s'en aperçut, et la crainte d'être questionnée fit que le pied lui manqua, et, du haut de l'escalier, elle alla bronchant jusqu'en bas, où était le comte de

Guiches, qui, en la retenant, l'empêcha de se tuer, car elle était grosse.

Toutes choses semblaient, comme vous voyez, aider à son raccommodement; aussi s'acheva-t-il. Madame reçut ensuite de ses lettres; et, un soir que monsieur était allé en masque, elle le vit chez la comtesse de Grammont, où elle attendait monsieur pour faire médianoche.

Dans ce même temps, madame trouva occasion de se venger de Vardes. Le chevalier de Lorraine était amoureux d'une des filles de madame, qui s'appelait Fiennes; un jour qu'il se trouva chez la reine, devant beaucoup de gens, on lui demanda à qui il en voulait; quelqu'un répondit que c'était à Fiennes; Vardes dit qu'il aurait bien mieux fait de s'adresser à sa maîtresse; cela fut rapporté à madame par le comte de Grammont; elle se le fit raconter par le marquis de Villeroi, ne voulant pas nommer l'autre; et, l'ayant engagé dans la chose, aussi bien que le chevalier de Lorraine, elle en fit ses plaintes au roi, et le pria de chasser Vardes. Le roi trouva la punition un peu rude; mais il le promit. Vardes demanda à n'être mis qu'à la Bastille, où tout le monde l'alla voir [1].

Ses amis publièrent que le roi avait consenti avec peine à cette punition, et que madame n'avait pu le faire casser. Voyant qu'en effet cela se trouvait avantageusement pour lui, madame repria le roi de l'envoyer à son gouvernement; ce qu'il lui accorda.

La comtesse de Soissons, enragée de ce que madame lui ôtait également Vardes, par sa haine et par son amitié; et son dépit ayant augmenté par la hauteur avec laquelle toute la jeunesse de la cour avait soutenu que Vardes était punissable, elle résolut de s'en venger sur le comte de Guiches.

— Elle dit au roi que madame avait fait ce

sacrifice au comte de Guiches, et qu'il aurait regret
d'avoir servi sa haine, s'il savait tout ce que le comte
de Guiches avait fait contre lui.

Montalais, qu'une fausse générosité faisait souvent
agir, écrivit à Vardes, que, s'il voulait s'abandonner à
sa conduite, elle aurait trois lettres qui pouvaient le
tirer d'affaire; il n'accepta pas le parti; mais la
comtesse de Soissons se servit de la connaissance de
ces lettres pour obliger le roi à perdre le comte de
Guiches : elle accusa le comte d'avoir voulu livrer
Dunkerque aux Anglais, et d'avoir offert à madame
le régiment des gardes [1], elle eut l'imprudence de mêler
à tout cela la lettre d'Espagne; heureusement, le roi
parla à madame de tout ceci; il lui parut d'une telle
rage contre le comte de Guiches, et si obligé à la
comtesse de Soissons, que madame se vit dans la
nécessité de perdre tous les deux pour ne pas voir la
comtesse de Soissons sur le trône, après avoir accablé
le comte de Guiches. Madame fit pourtant promettre
au roi, qu'il pardonnerait au comte de Guiches, si elle
lui pouvait prouver que ses fautes étaient petites en
comparaison de celles de Vardes et de la comtesse de
Soissons; le roi le lui promit, et madame lui conta
tout ce qu'elle savait. Ils conclurent ensemble qu'il
chasserait la comtesse de Soissons, et qu'il mettrait
Vardes en prison. Madame avertit le comte de
Guiches en diligence par le maréchal de Grammont,
et lui conseilla d'avouer sincèrement toutes choses,
ayant trouvé que, dans toutes les matières embrouil-
lées, la vérité seule tire les gens d'affaire; quelque
délicat que cela fût, le comte de Guiches en remercia
madame; et, sur cette affaire, ils n'eurent de commerce que par le maréchal de Grammont; la régula-
rité fut si grande de part et d'autre qu'ils ne se
coupèrent jamais, et le roi ne s'aperçut point de ce
concert. Il envoya prier Montalais de lui dire la

vérité; vous [1] saurez ce détail d'elle : je vous dirai
seulement que le maréchal, qui n'avait tenu que par
miracle une aussi bonne conduite que celle qu'il avait
eue, ne put longtemps se démentir; et son effroi lui
fit envoyer en Hollande son fils, qui n'aurait pas été
chassé, s'il eût tenu bon.

Il en fut si affligé qu'il en tomba malade; son père
ne laissa pas de le presser de partir; madame ne
voulait pas qu'il lui dît adieu, parce qu'elle savait
qu'on l'observait, et qu'elle n'était plus dans cet
âge, où ce qui était périlleux, lui paraissait plus
agréable : mais, comme le comte de Guiches ne
pouvait partir sans voir madame, il se fit faire un
habit des livrées de la Vallière; et, comme on portait
madame en chaise dans le Louvre, il eut la liberté de
lui parler. Enfin, le jour du départ arriva; le comte
avait toujours la fièvre; il ne laissa pas de se trouver
dans la rue avec son déguisement ordinaire; mais les
forces lui manquèrent quand il lui fallut prendre le
dernier congé. Il tomba évanoui, et madame resta
dans la douleur de le voir dans cet état, au hasard
d'être reconnu, ou de demeurer sans secours. Depuis
ce temps-là, madame ne l'a point revu [2].

Madame était revenue d'Angleterre avec toute la
gloire et le plaisir que peut donner un voyage causé
par l'amitié, et suivi d'un bon succès dans les affaires.
Le roi, son frère, qu'elle aimait chèrement, lui avait
témoigné une tendresse et une considération extraordinaires; on savait, quoique très confusément, que la
négociation dont elle se mêlait était sur le point de se
conclure; elle se voyait à vingt-six ans le lien des
deux plus grands rois de ce siècle; elle avait entre les
mains un traité d'où dépendait le sort d'une partie de
l'Europe [3]; le plaisir et la considération que donnent
les affaires se joignant en elle aux agréments que
donnent la jeunesse et la beauté, il y avait une grâce

et une douceur répandues dans toute sa personne qui lui attiraient une sorte d'hommage, qui lui devait être d'autant plus agréable, qu'on le rendait plus à la personne qu'au rang.

Cet état de bonheur était troublé par l'éloignement où monsieur était pour elle depuis l'affaire du chevalier de Lorraine; mais, selon toutes les apparences, les bonnes grâces du roi lui eussent fourni les moyens de sortir de cet embarras : enfin elle était dans la plus agréable situation où elle se fût jamais trouvée, lorsqu'une mort, moins attendue qu'un coup de tonnerre, termina une si belle vie, et priva la France de la plus aimable princesse qui vivra jamais [1].

Le 24 juin de l'année 1670, huit jours après son retour d'Angleterre, monsieur et elle allèrent à St.-Cloud. Le premier jour qu'elle y alla, elle se plaignit d'un mal de côté et d'une douleur dans l'estomac, à laquelle elle était sujette; néanmoins, comme il faisait extrêmement chaud, elle voulut se baigner dans la rivière; M. Gueslin, son premier médecin, fit tout ce qu'il put pour l'en empêcher; mais, quoi qu'il pût dire, elle se baigna le vendredi; et le samedi elle s'en trouva si mal qu'elle ne se baigna point. J'arrivai à St.-Cloud, le samedi à dix heures du soir; je la trouvai dans les jardins; elle me dit que je lui trouverais mauvais visage, et qu'elle ne se portait pas bien : elle avait soupé comme à son ordinaire, et elle se promena au clair de la lune jusqu'à minuit. Le lendemain, dimanche 29 juin, elle se leva de bonne heure, et descendit chez monsieur qui se baignait; elle fut longtemps auprès de lui; et, en sortant de sa chambre, elle entra dans la mienne, et me fit l'honneur de me dire qu'elle avait bien passé la nuit.

Un moment après je montai chez elle. Elle me dit

qu'elle était chagrine, et la mauvaise humeur dont elle parlait aurait fait les belles heures des autres femmes, tant elle avait de douceur naturelle, et tant elle était peu capable d'aigreur et de colère.

Comme elle me parlait, on lui vint dire que la messe était prête. Elle l'alla entendre ; et, en revenant dans sa chambre, elle s'appuya sur moi, et me dit, avec cet air de bonté qui lui était si particulier, qu'elle ne serait pas de si méchante humeur si elle pouvait causer avec moi ; mais qu'elle était si lasse de toutes les personnes qui l'environnaient, qu'elle ne les pouvait plus supporter.

Elle alla ensuite voir peindre mademoiselle, dont un excellent peintre anglais faisait le portrait ; et elle se mit à parler à madame d'Epernon et à moi de son voyage d'Angleterre et du roi, son frère.

Cette conversation qui lui plaisait lui redonna de la joie ; on servit le dîner ; elle mangea comme à son ordinaire ; et après le dîner elle se coucha sur des carreaux, ce qu'elle faisait assez souvent lorsqu'elle était en liberté ; elle m'avait fait mettre auprès d'elle, en sorte que sa tête était quasi sur moi.

Le même peintre anglais peignait monsieur ; on parlait de toutes sortes de choses ; et cependant elle s'endormit. Pendant son sommeil, elle changea si considérablement, qu'après l'avoir longtemps regardée j'en fus surprise ; et je pensais qu'il fallait que son esprit contribuât fort à parer son visage, puisqu'il le rendait si agréable, lorsqu'elle était éveillée, et qu'elle l'était si peu quand elle était endormie. J'avais tort néanmoins de faire cette réflexion ; car je l'avais vue dormir plusieurs fois, et je ne l'avais pas vue moins aimable.

Après qu'elle fut éveillée, elle se leva du lieu où elle était ; mais avec un si mauvais visage, que monsieur en fut surpris et me le fit remarquer.

Elle s'en alla ensuite dans le salon, où elle se promena quelque temps avec Boisfranc, trésorier de monsieur, et, en lui parlant, elle se plaignit plusieurs fois de son mal de côté.

Monsieur descendit pour aller à Paris, où il avait résolu d'aller. Il trouva madame de Mekelbourg sur le degré, et remonta avec elle; madame quitta Boisfranc, et vint à madame de Mekelbourg; comme elle parlait à elle, madame de Gamaches lui apporta, aussi bien qu'à moi, un verre de chicorée, qu'elle avait demandé, il y avait déjà quelque temps; madame de Gourdon, sa dame d'atour, le lui présenta. Elle le but, et en remettant d'une main la tasse sur la soucoupe, de l'autre elle se prit le côté, et dit avec un ton qui marquait beaucoup de douleur : « Ah! quel point de côté! ah! quel mal! je n'en puis plus! »

Elle rougit en prononçant ces paroles, et, dans le moment d'après, elle pâlit d'une pâleur livide qui nous surprit tous; elle continua de crier, et dit qu'on l'emportât comme ne pouvant plus se soutenir.

Nous la prîmes sous les bras; elle marchait à peine, et toute courbée; on la déshabilla dans un instant; je la soutenais pendant qu'on la délaçait; elle se plaignait toujours, et je remarquai qu'elle avait les larmes aux yeux; j'en fus étonnée et attendrie; car je la connaissais pour la personne du monde la plus patiente.

Je lui dis, en lui baisant les bras que je soutenais, qu'il fallait qu'elle souffrît beaucoup; elle me dit que cela était inconcevable; on la mit au lit; et, sitôt qu'elle y fut, elle cria encore plus qu'elle n'avait fait, et se jeta d'un côté et d'un autre, comme une personne qui souffrait infiniment : on alla en même temps appeler son premier médecin, M. Esprit; il vint, et dit que c'était la colique, et ordonna les remèdes ordinaires à de semblables maux; cependant les douleurs étaient inconcevables; madame dit que son mal était plus considérable qu'on ne pensait, qu'elle allait mourir, qu'on lui allât quérir un confesseur [1].

Monsieur était devant son lit; elle l'embrassa, et lui dit avec une douceur et un air capable d'attendrir les cœurs les plus barbares : « Hélas! monsieur, vous ne m'aimez plus, il y a longtemps; mais cela est injuste; je ne vous ai jamais manqué. » Monsieur parut fort touché, et tout ce qui était dans sa chambre l'était tellement, qu'on n'entendait plus que le bruit que font des personnes qui pleurent.

Tout ce que je viens de dire s'était passé en moins d'une demi-heure. Madame criait toujours qu'elle sentait des douleurs terribles dans le creux de l'estomac; tout d'un coup elle dit qu'on regardât à cette eau qu'elle avait bue, que c'était du poison, qu'on avait peut-être pris une bouteille pour l'autre, qu'elle était empoisonnée, qu'elle le sentait bien, et qu'on lui donnât du contrepoison.

J'étais dans la ruelle auprès de monsieur, et, quoique je le crusse fort incapable d'un pareil crime, un étonnement ordinaire à la malignité humaine, me le fit observer avec attention [2] : il ne fut ni ému ni embarrassé de l'opinion de madame; il dit qu'il fallait donner de cette eau à un chien; il opina, comme madame, qu'on allât quérir de l'huile et du contrepoison, pour ôter à madame une pensée si fâcheuse; madame Desbordes, sa première femme de chambre, qui était absolument à elle, lui dit qu'elle avait fait l'eau, et en but; mais madame persévéra toujours à vouloir de l'huile et du contrepoison; on lui donna l'un et l'autre. Sainte-Foi, premier valet de chambre de monsieur, lui apporta de la poudre de vipère : elle lui dit qu'elle la prenait

97

de sa main, parce qu'elle se fiait à lui; on lui fit prendre plusieurs drogues dans cette pensée de poison, et peut-être plus propres à lui faire du mal, qu'à la soulager: ce qu'on lui donna la fit vomir: elle en avait déjà eu envie plusieurs fois avant que d'avoir rien pris: mais ses vomissements ne furent qu'imparfaits, et ne lui firent jeter que quelques flegmes, et une partie de la nourriture qu'elle avait prise. L'agitation de ces remèdes, et les excessives douleurs qu'elle souffrait, la mirent dans un abattement qui nous parut du repos; mais elle nous dit qu'il ne fallait pas se tromper, que ses douleurs étaient toujours égales, qu'elle n'avait plus la force de crier, et qu'il n'y avait point de remède à son mal.

Il sembla qu'elle avait une certitude entière de sa mort, et qu'elle s'y résolût comme à une chose indifférente. Selon toutes les apparences, la pensée du poison était établie dans son esprit, et, voyant que les remèdes avaient été inutiles, elle ne songeait plus à la vie, et ne pensait qu'à souffrir ses douleurs avec patience. Elle commença à avoir beaucoup d'appréhension. Monsieur appela madame de Gamaches, pour tâter son pouls; les médecins n'y pensaient pas; elle sortit de la ruelle épouvantée, et nous dit qu'elle n'en trouvait point à madame, et qu'elle avait toutes les extrémités froides; cela nous fit peur; monsieur en parut effrayé; monsieur Esprit dit que c'était un accident ordinaire à la colique, et qu'il répondait de madame. Monsieur se mit en colère, et dit qu'il lui avait répondu de monsieur de Valois, et qu'il était mort; qu'il lui répondait de madame, et qu'elle mourrait encore.

Cependant, le curé de St.-Cloud, qu'elle avait mandé, était venu; monsieur me fit l'honneur de me demander si on parlerait à ce confesseur; je la trouvais fort mal; il me semblait que ses douleurs n'étaient point celles d'une colique ordinaire; mais néanmoins j'étais bien éloignée de prévoir ce qui devait arriver, et je n'attribuais les pensées qui me venaient dans l'esprit, qu'à l'intérêt que je prenais à sa vie.

Je répondis à monsieur qu'une confession faite dans la vue de la mort, ne pouvait être que très utile, et monsieur m'ordonna de lui aller dire que le curé de St.-Cloud était venu. Je le suppliai de m'en dispenser, et je lui dis que, comme elle l'avait demandé, il n'y avait qu'à le faire entrer dans sa chambre. Monsieur s'approcha de son lit; et d'elle-même, elle me redemanda un confesseur, mais sans paraître effrayée, et comme une personne qui songeait aux seules choses qui lui étaient nécessaires dans l'état où elle était.

Une de ses premières femmes de chambre était passée à son chevet pour la soutenir; elle ne voulut point qu'elle s'ôtât, et se confessa devant elle; après que le confesseur se fut retiré, monsieur s'approcha de son lit : elle lui dit quelques mots assez bas que nous n'entendîmes point, et cela nous parut encore quelque chose de doux et d'obligeant.

L'on avait fort parlé de la saigner; mais elle souhaitait que ce fût du pied; M. Esprit voulait que ce fût du bras; enfin, il détermina qu'il le fallait ainsi. Monsieur vint le dire à madame, comme une chose à quoi elle aurait peut-être de la peine à se résoudre; mais elle répondit qu'elle voulait tout ce qu'on souhaitait, que tout lui était indifférent, et qu'elle sentait bien qu'elle n'en pouvait revenir. Nous écoutions ces paroles comme des effets d'une douleur violente qu'elle n'avait jamais sentie, et qui lui faisait croire qu'elle allait mourir.

Il n'y avait pas plus de trois heures qu'elle se

trouvait mal. Gueslin, que l'on avait envoyé quérir à Paris, arriva avec M. Valet, qu'on avait envoyé chercher à Versailles. Sitôt que madame vit Gueslin, en qui elle avait beaucoup de confiance, elle lui dit qu'elle était bien aise de le voir, qu'elle était empoisonnée, et qu'il la traitât sur ce fondement. Je ne sais s'il le crut, et s'il fut persuadé qu'il n'y avait point de remède, ou s'il s'imagina qu'elle se trompait, et que son mal n'était pas dangereux; mais enfin, il agit comme un homme qui n'avait plus d'espérance, ou qui ne voyait point de danger. Il consulta avec M. Valet, et avec M. Esprit: et, après une conférence assez longue, ils vinrent tous trois trouver monsieur, et l'assurer sur leur vie qu'il n'y avait point de danger. Monsieur vint le dire à madame; elle lui dit qu'elle connaissait mieux son mal que le médecin, et qu'il n'y avait point de remède; mais elle dit cela avec la même tranquillité et la même douceur, que si elle eût parlé d'une chose indifférente.

Monsieur le prince la vint voir: elle lui dit qu'elle se mourait. Tout ce qui était auprès d'elle reprit la parole pour lui dire qu'elle n'était pas en cet état: mais elle témoigna quelque sorte d'impatience de mourir pour être délivrée des douleurs qu'elle souffrait; il semblait néanmoins que la saignée l'eût soulagée: on la crut mieux; M. Valet s'en retourna à Versailles sur les neuf heures et demie, et nous demeurâmes autour de son lit à causer, la croyant sans aucun péril. On était quasi consolé des douleurs qu'elle avait souffertes espérant que l'état où elle avait été servirait à son raccommodement avec monsieur: il en paraissait touché, et madame d'Epernon et moi, qui avions entendu ce qu'elle avait dit, nous prenions plaisir à lui faire remarquer le prix de ses paroles.

M. Valet avait ordonné un lavement avec du séné;

elle l'avait pris, et, quoique nous n'entendissions guère la médecine, nous jugions bien néanmoins qu'elle ne pouvait sortir de l'état où elle était que par une évacuation. La nature tendait à sa fin par en haut; elle avait des envies continuelles de vomir; mais on ne lui donnait rien pour lui aider.

Dieu aveuglait les médecins, et ne voulait pas même qu'ils tentassent des remèdes capables de retarder une mort qu'il voulait rendre terrible. Elle entendit que nous disions qu'elle était mieux, et que nous attendions l'effet de ce remède avec impatience. Cela est si peu véritable, nous dit-elle, que, si je n'étais pas chrétienne, je me tuerais, tant mes douleurs sont excessives. Il ne faut point souhaiter de mal à personne, ajouta-t-elle; mais je voudrais bien que quelqu'un pût sentir un moment ce que je souffre, pour connaître de quelle nature sont mes douleurs.

Cependant, ce remède ne faisait rien; l'inquiétude nous en prit; on appela M. Esprit et M. Gueslin; ils dirent qu'il fallait encore attendre; elle répondit que, si on sentait ses douleurs, on n'attendrait pas si paisiblement. On fut deux heures entières sur l'attente de ce remède, qui furent les dernières où elles pouvait recevoir du secours. Elle avait pris quantité de remèdes; on avait gâté son lit; elle voulut en changer, et on lui en fit un petit dans sa ruelle; elle y alla sans qu'on l'y portât, et fit même le tour par l'autre ruelle, pour ne pas se mettre dans l'endroit de son lit qui était gâté. Lorsqu'elle fut dans ce petit lit, soit qu'elle expirât véritablement, soit qu'on la vît mieux, parce qu'elle avait les bougies au visage, elle nous parut beaucoup plus mal; les médecins voulurent la voir de près, et lui apportèrent un flambeau; elle les avait toujours fait ôter, depuis qu'elle s'était trouvée mal.

Monsieur lui demanda si on ne l'incommodait point. Ah! non, monsieur, lui dit-elle, rien ne m'incommode plus; je ne serai pas en vie demain matin, vous le verrez. On lui donna un bouillon, parce qu'elle n'avait rien pris depuis son dîner; sitôt qu'elle l'eut avalé, ses douleurs redoublèrent, et devinrent aussi violentes qu'elles l'avaient été, lorsqu'elle avait pris le verre de chicorée. La mort se peignit sur son visage, et on la voyait dans des souffrances cruelles, sans néanmoins qu'elle parût agitée.

Le roi avait envoyé plusieurs fois savoir de ses nouvelles, et elle lui avait toujours mandé qu'elle se mourait; ceux qui l'avaient vue, lui avaient dit qu'en effet elle était très mal, et M. de Crequi, qui avait passé à St.-Cloud, en allant à Versailles, dit au roi qu'il la croyait en grand péril, de sorte que le roi voulut la venir voir, et arriva à St.-Cloud sur les onze heures.

Lorsque le roi arriva, madame était dans ce redoublement de douleurs, que lui avait causé le bouillon; il sembla que les médecins furent éclairés par sa présence; il les prit en particulier pour savoir ce qu'ils en pensaient, et ces mêmes médecins qui, deux heures auparavant, en répondaient sur leur vie, et qui trouvaient que les extrémités froides n'étaient qu'un accident de la colique, commencèrent à dire qu'elle était sans espérance, que cette froideur et ce pouls retiré étaient une marque de gangrène, et qu'il fallait lui faire recevoir Notre Seigneur.

La reine et la comtesse de Soissons étaient venues avec le roi; madame de la Vallière et madame de Montespan étaient venues ensemble; je parlais à elle; monsieur m'appela, et me dit en pleurant ce que les médecins venaient de dire; je fus surprise et touchée comme je le devais, et je répondis à monsieur que les médecins avaient perdu l'esprit, et qu'ils ne pensaient ni à sa vie, ni à son salut, qu'elle n'avait parlé qu'un quart d'heure au curé de St.-Cloud, et qu'il fallait lui envoyer quelqu'un. Monsieur me dit qu'il allait envoyer chercher monsieur de Condom ; je trouvai qu'on ne pouvait mieux choisir ; mais qu'en attendant, il fallait avoir monsieur Feuillet, chanoine, dont le mérite est connu.

Cependant, le roi était auprès de madame. Elle lui dit qu'il perdait la plus véritable servante qu'il aurait jamais ; il lui dit qu'elle n'était pas en si grand péril, mais qu'il était étonné de sa fermeté, et qu'il la trouvait grande. Elle lui répliqua qu'il savait bien qu'elle n'avait jamais craint la mort, mais qu'elle avait craint de perdre ses bonnes grâces [1].

Ensuite, le roi lui parla de Dieu ; il revint après dans l'endroit où étaient les médecins ; il me trouva désespérée de ce qu'ils ne lui donnaient point de remèdes, et surtout l'émétique ; il me fit l'honneur de me dire qu'ils avaient perdu la tramontane [2], qu'ils ne savaient ce qu'ils faisaient et qu'il allait essayer de leur remettre l'esprit. Il leur parla, et se rapprocha du lit de madame, et lui dit qu'il n'était pas médecin ; mais qu'il venait de proposer trente remèdes aux médecins : ils répondirent qu'il fallait attendre. Madame prit la parole, et dit qu'il fallait mourir par les formes.

Le roi voyant que, selon les apparences, il n'y avait rien à espérer, lui dit adieu en pleurant. Elle lui dit qu'elle le priait de ne point pleurer, qu'il l'attendrissait, et que la première nouvelle qu'il aurait le lendemain, serait celle de sa mort.

Le maréchal de Grammont s'approcha de son lit. Elle lui dit qu'il perdait une bonne amie, qu'elle allait mourir, et qu'elle avait cru d'abord être empoisonnée par méprise.

Lorsque le roi se fut retiré, j'étais auprès de son lit ; elle me dit : « Madame de La Fayette, mon nez s'est déjà retiré [1]. » Je ne lui répondis qu'avec des larmes ; car ce qu'elle me disait était véritable, et je n'y avais pas encore pris garde ; on la remit ensuite dans son grand lit, le hoquet lui prit. Elle dit à M. Esprit, que c'était le hoquet de la mort ; elle avait déjà demandé plusieurs fois quand elle mourrait ; elle le demandait encore ; et, quoiqu'on lui répondît comme à une personne qui n'en était pas proche, on voyait bien qu'elle n'avait aucune espérance.

Elle ne tourna jamais son esprit du côté de la vie ; jamais un mot de réflexion sur la cruauté de sa destinée, qui l'enlevait dans le plus beau de son âge ; point de questions aux médecins pour s'informer s'il était possible de la sauver ; point d'ardeur pour les remèdes, qu'autant que la violence de ses douleurs lui en faisait désirer ; une contenance paisible au milieu de la certitude de la mort, de l'opinion du poison, et de ses souffrances qui étaient cruelles ; enfin, un courage dont on ne peut donner d'exemple, et qu'on ne saurait bien représenter.

Le roi s'en alla, et les médecins déclarèrent qu'il n'y avait aucune espérance. M. Feuillet vint ; il parla à madame avec une austérité entière ; mais il la trouva dans des dispositions qui allaient aussi loin que son austérité. Elle eut quelque scrupule que ses confessions passées n'eussent été nulles, et pria M. Feuillet de lui aider à en faire une générale ; elle la fit avec de grands sentiments de piété, et de grandes résolutions de vivre en chrétienne, si Dieu lui redonnait la santé.

Je m'approchai de son lit, après sa confession ; M. Feuillet était auprès d'elle, et un capucin, son confesseur ordinaire ; ce bon père voulait lui parler, et se jetait dans des discours qui la fatiguaient : elle me regarda avec des yeux qui faisaient entendre ce qu'elle pensait, et puis les retournant sur ce capucin : « laissez parler M. Feuillet, mon père », lui dit-elle avec une douceur admirable, comme si elle eût craint de le fâcher ; « vous parlerez à votre tour ».

L'ambassadeur d'Angleterre arriva dans ce moment. Sitôt qu'elle le vit, elle lui parla du roi son frère, et de la douleur qu'il aurait de sa mort ; elle en avait déjà parlé plusieurs fois dans le commencement de son mal. Elle le pria de lui mander qu'il perdait la personne du monde qui l'aimait le mieux ; ensuite l'ambassadeur lui demanda si elle était empoisonnée : je ne sais si elle lui dit qu'elle l'était ; mais je sais bien qu'elle lui dit, qu'il n'en fallait rien mander au roi son frère, qu'il fallait lui épargner cette douleur, et qu'il fallait surtout qu'il ne songeât point à en tirer vengeance ; que le roi n'en était point coupable, qu'il ne fallait point s'en prendre à lui.

Elle disait toutes ces choses en anglais, et, comme le mot de poison est commun à la langue française et à l'anglaise, M. Feuillet l'entendit, et interrompit la conversation, disant qu'il fallait sacrifier sa vie à Dieu, et ne pas penser à autre chose.

Elle reçut Notre Seigneur ; ensuite monsieur s'étant retiré, elle demanda si elle ne le verrait plus : on l'alla quérir ; il vint l'embrasser en pleurant ; elle le pria de se retirer, et lui dit qu'il l'attendrissait.

Cependant elle diminuait toujours, et elle avait de temps en temps des faiblesses qui attaquaient le cœur. M. Brager, excellent médecin, arriva. Il n'en désespéra pas d'abord ; il se mit à consulter avec les autres médecins : madame les fit appeler ; ils dirent qu'on les laissât un peu ensemble ; mais elle les renvoya encore quérir. Ils allèrent auprès de son lit ; on avait parlé d'une saignée au pied. Si on la veut faire, dit-elle, il n'y a pas de temps à perdre: ma tête s'embarrasse, et mon estomac se remplit.

Ils demeurèrent surpris d'une si grande fermeté, et, voyant qu'elle continuait à vouloir la saignée, ils la firent faire; mais il ne vint point de sang, et il en était très peu venu de la première qu'on avait faite. Elle pensa expirer pendant que son pied fut dans l'eau; les médecins lui dirent qu'ils allaient faire un remède; mais elle répondit qu'elle voulait l'extrême-onction, avant que de rien prendre.

M. de Condom arriva comme elle la recevait; il lui parla de Dieu, conformément à l'état où elle était, et avec cette éloquence et cet esprit de religion qui paraissent dans tous ses discours; il lui fit faire les actes qu'il jugea nécessaires; elle entra dans tout ce qu'il lui dit, avec un zèle et une présence d'esprit admirables.

Comme il parlait, sa première femme de chambre s'approcha d'elle, pour lui donner quelque chose dont elle avait besoin; elle lui dit en anglais, afin que M. de Condom ne l'entendît pas, conservant jusqu'à la mort la politesse de son esprit : « Donnez à M. de Condom, lorsque je serai morte, l'émeraude que j'avais fait faire pour lui. »

Comme il continuait à lui parler de Dieu, il lui prit une espèce d'envie de dormir, qui n'était en effet qu'une défaillance de la nature. Elle lui demanda si elle ne pouvait pas prendre quelques moments de repos; il lui dit qu'elle le pouvait, et qu'il allait prier Dieu pour elle.

M. Feuillet demeura au chevet de son lit; et, quasi dans le même moment, madame lui dit de rappeler M. de Condom, et qu'elle sentait bien qu'elle allait expirer. M. de Condom se rapprocha, et lui donna le crucifix; elle le prit et l'embrassa avec ardeur; M. de Condom lui parlait toujours, et elle lui répondait avec le même jugement, que si elle n'eût pas été malade, tenant toujours le crucifix attaché sur sa bouche; la mort seule le lui fit abandonner. Les forces lui manquèrent; elle le laissa tomber, et perdit la parole et la vie quasi en même temps; son agonie n'eut qu'un moment, et, après deux ou trois petits mouvements convulsifs dans la bouche, elle expira à deux heures et demie du matin, et neuf heures après avoir commencé à se trouver mal.

Lettres

Lettre écrite au comte d'Arlington, alors secrétaire d'état de Charles II, roi d'Angleterre, par M. Montaigu, ambassadeur à Paris, mort depuis duc de Montaigu.

Paris, le 30 juin 1670, à quatre heures du matin.

Milord,

Je suis bien fâché de me voir dans l'obligation, en vertu de mon emploi, de vous rendre compte de la plus triste aventure du monde. Madame étant à St.-Cloud, le 29 du courant, avec beaucoup de compagnie, demanda, sur les cinq heures du soir, un verre d'eau de chicorée, qu'on lui avait ordonné de boire, parce qu'elle s'était trouvée indisposée, pendant deux ou trois jours, après s'être baignée. Elle ne l'eut pas plutôt bu, qu'elle s'écria qu'elle était morte; et, tombant entre les bras de madame de Mekelbourg, elle demanda un confesseur. Elle continua dans les plus grandes douleurs qu'on puisse s'imaginer, jusqu'à trois heures du matin, qu'elle rendit l'esprit. Le roi, la reine, et toute la cour, restèrent auprès d'elle jusqu'à une heure avant sa mort. Dieu veuille donner de la patience et de la constance au roi, notre maître, pour supporter une affliction de cette nature! Madame a déclaré, en mourant, qu'elle n'avait nul autre regret, en sortant du monde, que celui que lui causait la douleur qu'en recevrait le roi, son frère; s'étant trouvée un peu soulagée de ses grandes douleurs, que les médecins nomment colique bilieuse, elle me fit appeler, pour m'ordonner de dire de sa part les choses du monde les plus tendres au roi et au duc d'York, ses frères. J'arrivai à St.-Cloud une heure après qu'elle s'y fut trouvée mal, et je restai jusqu'à sa mort auprès d'elle. Jamais personne n'a marqué plus de piété et de résolution que cette princesse, qui a conservé son bon sens jusqu'au dernier moment. Je me flatte que la douleur où je suis, vous fera excuser les imperfections que vous trouverez dans cette relation. Je suis persuadé que tous ceux qui ont eu l'honneur de connaître madame, partageront avec moi l'affliction que doit causer une perte pareille.

Je suis,

Milord, etc.

Extrait d'une lettre écrite par le comte d'Arlington, à M. le chevalier Temple, alors ambassadeur d'Angleterre à la Haye.

De White-Hall, le 28 juin 1670 vieux style.

Milord,

Je vous écris toutes les nouvelles que nous avons ici, à l'exception de celle de la mort de madame, dont le roi est extrêmement affligé, aussi bien que toutes les personnes qui ont eu l'honneur de la connaître à Douvres. Les brouilleries de ses domestiques, et sa mort subite nous avaient d'abord fait croire qu'elle avait été empoisonnée; mais la connaissance qu'on nous a donnée depuis, du soin qu'on a pris d'examiner son corps, et les sentiments que nous apprenons qu'en a sa majesté très-chrétienne, laquelle a intérêt d'examiner cette affaire à fond, et qui est persuadée qu'elle est morte d'une mort naturelle, a levé la plus grande partie des soupçons que nous en avions. Je ne doute pas que monsieur le maréchal de Bellefond, que j'apprends qui vient d'arriver, avec ordre de donner au roi une relation particulière de cet accident fatal, et qui nous apporte le procès-verbal de la mort de cette princesse, et de la dissection de son corps, signé des principaux médecins et chirurgiens de Paris, ne nous convainque pleinement, que nous n'avons rien à regretter que la perte de cette admirable princesse, sans qu'elle soit accompagnée d'aucune circonstance odieuse, pour rendre notre douleur moins insupportable.

Lettre de M. Montaigu, ambassadeur d'Angleterre, au comte d'Arlington.

A Paris, le 6 juillet 1670.

Milord,

J'ai reçu les lettres de votre grandeur, celle du 17 juin, par M. le chevalier de Jones, et celle du 23, par la poste. Je suppose que M. le maréchal de Bellefond est arrivé à Londres; outre le compliment de condoléance qu'il va faire au roi, il tâchera, à ce que je crois, de désabuser notre cour de l'opinion que madame ait été empoisonnée, dont on ne pourra jamais désabuser celle-ci, ni tout le peuple. Comme cette princesse s'en est plainte plusieurs fois dans ses plus grandes douleurs, il ne faut pas s'étonner que cela fortifie le peuple dans la croyance qu'il en a. Toutes les fois que j'ai pris la liberté de la presser de me dire si elle croyait qu'on l'eût empoisonnée, elle ne m'a pas voulu faire de réponse; voulant, à ce que je crois, épargner une augmentation si sensible de douleur au roi, notre maître. La même raison m'a empêché d'en faire mention dans ma première lettre : outre que je ne suis pas assez bon médecin pour juger si elle a été empoisonnée ou non. L'on tâche ici de me faire passer pour l'auteur du bruit qui en court; je veux dire, monsieur, qui se plaint que je le fais pour rompre la bonne intelligence qui est établie entre les deux couronnes.

Le roi et les ministres ont beaucoup de regret de la mort de madame; car ils espéraient qu'à sa considération, ils engageraient le roi, notre maître, à condescendre à des choses, et à contracter une amitié avec cette couronne, plus étroite qu'ils ne croient pouvoir l'obtenir à présent. Je ne prétends pas examiner ce qui s'est fait à cet égard, ni ce qu'on prétendait faire, puisque votre grandeur n'a pas jugé à propos de m'en communiquer la moindre partie; mais je ne saurais m'empêcher de savoir ce qui s'en dit publiquement, et je suis persuadé que l'on ne refusera rien ici que le roi, notre maître, puisse proposer, pour avoir son amitié; il n'y a rien de l'autre côté que les Hollandais ne fassent, pour nous empêcher de nous joindre à la France. Tout ce que je souhaite de savoir, milord, pendant que je serai ici, est le langage dont je me dois servir en conversation avec les autres ministres, afin de ne point passer pour ridicule avec le caractère dont je suis revêtu. Pendant que madame était en vie, elle me faisait l'honneur de se fier assez à moi, pour m'empêcher d'être exposé à ce malheur.

Je suis persuadé que, pendant le peu de temps que vous l'avez connue en Angleterre, vous l'avez assez connue pour la regretter tout le temps de votre vie : et ce n'est pas sans sujet ; car personne n'a jamais eu meilleure opinion de qui que ce soit, en tous égards, que celle que cette princesse avait de vous : et je crois qu'elle aimait trop le roi, son frère, pour marquer la considération qu'elle faisait paraître en toutes sortes d'occasions pour vous, depuis qu'elle a vécu en bonne intelligence avec vous, si elle n'eût été persuadée que vous le serviez très bien et très fidèlement. Quant à moi, j'ai fait une si grande perte, par la mort de cette princesse, que je n'ai plus aucune joie dans ce pays-ci, et je crois que je n'en aurai plus jamais en aucun autre. Madame, après m'avoir tenu plusieurs discours pendant le cours de son mal, lesquels n'étaient remplis que de tendresse pour le roi, notre maître, me dit, à la fin, qu'elle était bien fâchée de n'avoir rien fait pour moi avant sa mort, en échange du zèle et de l'affection avec lesquels je l'avais servie depuis mon arrivée ici ; elle me dit qu'elle avait six mille pistoles dispersées en plusieurs endroits, qu'elle m'ordonnait de prendre pour l'amour d'elle ; je lui répondis qu'elle avait plusieurs pauvres domestiques, qui en avaient plus besoin que moi ; que, je ne l'avais jamais servie par intérêt, et que je ne voulais pas absolument les prendre ; mais que, s'il lui plaisait de me dire auxquels elle souhaitait de les donner, je ne manquerais pas de m'en acquitter très fidèlement :

elle eut assez de présence d'esprit pour les nommer par leurs noms. Cependant, elle n'eut pas plutôt rendu l'esprit, que, monsieur se saisit de toutes ses clefs, et de son cabinet. Je demandai le lendemain à une de ses femmes où était cet argent, laquelle me dit qu'il était en un tel endroit. C'était justement les premières six mille pistoles que le roi, notre maître, lui avait envoyées. Dans le temps que cet argent arriva, elle avait dessein de s'en servir pour retirer quelques joyaux qu'elle avait engagés en attendant cette somme. Mais le roi de France la lui avait déjà donnée deux jours avant que celle-ci arrivât, de sorte qu'elle avait gardé toute la somme que le roi, son frère, lui avait envoyée.

Sur cela, j'ai demandé ladite somme à monsieur, comme m'appartenant, et que, l'ayant prêtée à madame, deux de mes domestiques l'avaient remise entre les mains de deux de ses femmes, lesquelles en ont rendu témoignage à ce prince; car elles ne savaient pas que ç'avait été par ordre du roi, notre maître. Monsieur en avait emporté la moitié, et l'on m'a rendu le reste. J'en ai disposé en faveur des domestiques de madame, selon les ordres qu'elle m'en avait donnés, en présence de M. l'abbé de Montaigu et de deux autres témoins; monsieur m'a promis de me rendre le reste, que je ne manquerai pas de distribuer entre eux de la même manière. Cependant, s'ils n'ont l'esprit de le cacher, monsieur ne manquera pas de le leur ôter, dès que cela parviendra à sa connaissance[1]. Je n'avais nul autre moyen de l'obtenir pour ces pauvres gens-là, et je ne doute pas que le roi n'aime mieux qu'ils en profitent que monsieur. Je vous prie de l'apprendre au roi pour ma décharge; et que cela n'aille pas plus loin. Monsieur le chevalier Hamilton en a été témoin avec monsieur l'abbé de Montaigu. J'ai cru qu'il était nécessaire de vous faire cette relation.

Je suis,

Milord, etc.

P. S. Depuis ma lettre écrite, je viens d'apprendre, de très bonne part et d'une personne qui est dans la confidence de monsieur, qu'il n'a pas voulu délivrer les papiers de madame, à la requête du roi, avant que de se les être fait lire et interpréter par M. l'abbé de Montaigu, et même, que, ne se fiant pas entièrement à lui, il a employé, pour cet effet, d'autres personnes qui entendent la langue, et entre autres, madame de Fiennes; de sorte que ce qui s'est passé de plus secret entre le roi et madame est et sera publiquement connu de tout le monde. Il y avait quelque chose en chiffres, qui l'embarrasse fort, et qu'il prétend pourtant deviner. Il se plaint extrêmement du roi, notre maître, à l'égard de la correspondance qu'il entretenait avec madame, et de ce qu'il traitait d'affaires avec elle à son insu. J'espère que M. l'abbé de Montaigu vous en donnera une relation plus particulière que je ne le puis faire; car, quoique monsieur lui ait recommandé le secret à l'égard de tout le monde, il ne saurait s'étendre jusqu'à vous, si les affaires du roi, mon maître, y sont intéressées.

Lettre écrite par M. de Montaigu à Charles II, roi d'Angleterre.

Paris, le 15 juillet 1670.

AU ROI

Sire,

Je dois commencer cette lettre en suppliant très-humblement votre majesté de me pardonner la liberté que je prends de l'entretenir sur un si triste sujet, et du malheur que j'ai eu d'être témoin de la plus cruelle et de la plus généreuse mort dont on ait jamais ouï parler. J'eus l'honneur d'entretenir madame assez longtemps le samedi, jour précédent de celui de sa mort. Elle me dit qu'elle voyait bien qu'il était impossible qu'elle pût jamais être heureuse avec monsieur, lequel s'était emporté contre elle plus que jamais, deux jours auparavant, à Versailles, où il l'avait trouvée dans une conférence secrète avec le roi, sur des affaires qu'il n'était pas à propos de lui communiquer. Elle me dit que votre majesté et le roi de France, aviez résolu de faire la guerre à la Hollande, dès que vous seriez demeurés d'accord de la manière dont vous la deviez faire. Ce sont là les dernières paroles que cette princesse me fit l'honneur de me dire avant sa maladie; car monsieur, étant entré dans ce moment, nous interrompit, et je m'en retournai à Paris. Le lendemain, lorsqu'elle se trouva mal, elle m'appela deux ou trois fois, et madame de Mekelbourg m'envoya chercher. Dès qu'elle me vit, elle me dit : « vous voyez le triste état où je suis ; je me meurs. Hélas! que je plains le roi, mon frère! car je suis assurée qu'il va perdre la personne au monde qui l'aime le mieux ». Elle me rappela un peu après, et m'ordonna de ne pas manquer de dire au roi, son frère, les choses du monde les plus tendres de sa part, et de le remercier de tous ses soins pour elle. Elle me demanda ensuite si je me souvenais bien de ce qu'elle m'avait dit, le jour précédent, des intentions qu'avait votre majesté de se joindre à la France contre la Hollande ; je lui dis que oui ; sur quoi elle ajouta : « je vous prie de dire à mon frère que je ne lui ai jamais persuadé de le faire par intérêt, et que ce n'était que parce que son honneur et son avantage y étaient également intéressés : car je l'ai toujours aimé plus que ma vie, et je n'ai nul autre regret en la perdant que celui de le quitter ». Elle m'appela plusieurs fois pour me dire de ne pas oublier de vous dire cela, et me parla en anglais.

Je pris alors la liberté de lui demander si elle ne croyait pas qu'on l'eût empoisonnée ; son confesseur, qui était présent, et qui entendit ce mot-là, lui dit : « Madame, n'accusez personne, et offrez à Dieu votre mort en sacrifice. » Cela l'empêcha de me répondre, et, quoique je lui fisse plusieurs fois la même demande, elle ne me répondit qu'en levant les épaules. Je lui demandai la cassette où étaient toutes ses lettres, pour les envoyer à votre majesté, et elle m'ordonna de les demander à madame de Borde, laquelle s'évanouissant à tout moment, et mourant de douleur de voir sa maîtresse en un état si déplorable, monsieur s'en saisit avant qu'elle pût revenir à elle. Elle m'ordonna de prier votre majesté d'assister tous ses pauvres domestiques, et d'écrire à Milord Arlington de vous en souvenir ; elle ajouta à cela : « dites au roi, mon frère, que j'espère qu'il fera pour lui, pour l'amour de moi, ce qu'il m'a promis ; car c'est un homme qui l'aime, et qui le sert bien ». Elle dit plusieurs choses ensuite tout haut en français, plaignant l'affliction qu'elle savait que sa mort donnerait à votre majesté. Je supplie encore une fois votre majesté de pardonner le malheur où je me trouve réduit de lui apprendre cette fatale nouvelle, puisque, de tous ses serviteurs, il n'y en a pas un seul qui souhaite avec plus de passion et de sincérité son bonheur et sa satisfaction, que celui qui est,

Sire,

De votre majesté, etc.

Lettre de M. de Montaigu, à Milord Arlington.

Paris, le 15 juillet 1670.

Milord,

Selon les ordres de votre grandeur, je vous envoie la bague que madame avait au doigt en mourant, laquelle vous aurez, s'il vous plaît, la bonté de présenter au roi. J'ai pris la liberté de rendre compte au roi, moi-même, de quelques choses que madame m'avait chargé de lui dire, étant persuadée que la modestie n'aurait pas permis à votre grandeur de les dire au roi, parce qu'elles vous touchent de trop près. Il y a eu depuis la mort de madame, comme vous pouvez bien vous l'imaginer dans une occasion pareille, plusieurs bruits divers. L'opinion la plus générale est qu'elle a été empoisonnée, ce qui inquiète le roi et les ministres au dernier point. J'en ai été saisi d'une telle manière, que j'ai eu à peine le cœur de sortir depuis : cela joint aux bruits qui courent par la ville du ressentiment que témoigne le roi, notre maître, d'un attentat si rempli d'horreur qu'il a refusé de recevoir la lettre de monsieur, et qu'il m'a ordonné de me retirer, leur fait conclure que le roi, notre maître, est mécontent de cette cour, au point qu'on le dit ici. De sorte que, quand j'ai été à St.-Germain, d'où je ne fais que de revenir, pour y faire les plaintes que vous m'avez ordonné d'y faire, il est impossible d'exprimer la joie qu'on y a reçue d'apprendre que le roi, notre maître, commence à s'apaiser, et que ces bruits n'ont fait aucune impression sur son esprit au préjudice de la France. Je vous marque cela, milord, pour vous faire connaître à quel point l'on estime l'union de l'Angleterre dans cette conjoncture, et combien l'amitié du roi est nécessaire à tous leurs desseins : je ne doute pas qu'on ne s'en serve à la gloire du roi, et pour le bien de la nation. C'est ce que souhaite avec passion la personne du monde qui est avec le plus de sincérité,

                                        Milord, etc.

Lettre de M. de Montaigu, à Milord Arlington.

Milord,

Je ne suis guère en état de vous écrire moi-même, étant tellement incommodé d'une chute que j'ai faite en venant, que j'ai peine à remuer le bras et la main. J'espère pourtant de me trouver en état, dans un jour ou deux, de me rendre à St.-Germain.

* Je n'écris présentement que pour rendre compte à votre grandeur d'une chose que je crois pourtant que vous savez déjà, c'est que l'on a permis au chevalier de

* Ce passage était écrit en chiffres.

Lorraine, de venir à la cour, et de servir à l'armée en qualité de maréchal de camp.

Si madame a été empoisonnée, comme la plus grande partie du monde le croit, toute la France le regarde comme son empoisonneur, et s'étonne avec raison que le roi de France ait si peu de considération pour le roi, notre maître, que de lui permettre de revenir à la cour, vu la manière insolente dont il en a toujours usé envers cette princesse pendant sa vie. Mon devoir m'oblige à vous dire cela, afin que vous le fassiez savoir au roi, et qu'il en parle fortement à l'ambassadeur de France, s'il le juge à propos; car je puis vous assurer que c'est une chose qu'il ne saurait souffrir sans se faire tort.

LA PRINCESSE
DE MONTPENSIER

Le libraire au lecteur

Le respect que l'on doit à l'illustre nom qui est à la tête de ce livre, et la considération que l'on doit avoir pour les éminentes personnes qui sont descendues de ceux qui l'ont porté, m'oblige de dire, pour ne pas manquer envers les uns ni les autres en donnant cette histoire au public, qu'elle n'a été tirée d'aucun manuscrit qui nous soit demeuré du temps des personnes dont elle parle. L'Auteur ayant voulu, pour son divertissement, écrire des aventures inventées à plaisir, a jugé plus à propos de prendre des noms connus dans nos histoires que de se servir de ceux que l'on trouve dans les romans, croyant bien que la réputation de Mme de Montpensier ne serait pas blessée par un récit effectivement fabuleux. S'il n'est pas de ce sentiment, j'y supplée par cet avertissement qui sera aussi avantageux à l'Auteur que respectueux pour moi envers les Morts qui y sont intéressés et envers les Vivants qui pourraient y prendre part.

Pendant que la guerre civile déchirait la France sous le règne de Charles IX, l'Amour ne laissait pas de trouver sa place parmi tant de désordres et d'en causer beaucoup dans son Empire. La fille unique du marquis de Mézières [1], héritière très considérable, et par ses grands biens, et par l'illustre maison d'Anjou dont elle était descendue, était promise au duc du Maine, cadet du duc de Guise, que l'on a depuis appelé le Balafré. L'extrême jeunesse de cette grande héritière retardait son mariage, et cependant le duc de Guise qui la voyait souvent, et qui voyait en elle les commencements d'une grande beauté, en devint amoureux et en fut aimé. Ils cachèrent leur amour avec beaucoup de soin. Le duc de Guise, qui n'avait pas encore autant d'ambition qu'il en a eu depuis, souhaitait ardemment de l'épouser; mais la crainte du cardinal de Lorraine, qui lui tenait lieu de père, l'empêchait de se déclarer. Les choses étaient en cet état, lorsque la maison de Bourbon, qui ne pouvait voir qu'avec envie l'élévation de celle de Guise, s'apercevant de l'avantage qu'elle recevrait de ce mariage, se résolut de le lui ôter et d'en profiter elle-même en faisant épouser cette héritière au jeune

123

prince de Montpensier. On travailla à l'exécution de ce dessein avec tant de succès que les parents de Mlle de Mézières, contre les promesses qu'ils avaient faites au cardinal de Lorraine, se résolurent de la donner en mariage à ce jeune prince. Toute la maison de Guise fut extrêmement surprise de ce procédé; mais le duc en fut accablé de douleur et l'intérêt de son amour lui fit recevoir ce manquement de parole comme un affront insupportable. Son ressentiment éclata bientôt, malgré les réprimandes du cardinal de Lorraine et du duc d'Aumale, ses oncles, qui ne voulaient pas s'opiniâtrer à une chose qu'ils voyaient ne pouvoir empêcher; et il s'emporta avec tant de violence, en présence même du jeune prince de Montpensier, qu'il en naquit entre eux une haine qui ne finit qu'avec leur vie. Mlle de Mézières, tourmentée par ses parents d'épouser ce prince, voyant d'ailleurs qu'elle ne pouvait épouser le duc de Guise et connaissant par sa vertu qu'il était dangereux d'avoir pour beau-frère un homme qu'elle eût souhaité pour mari, se résolut enfin de suivre le sentiment de ses proches et conjura M. de Guise de ne plus apporter d'obstacle à son mariage. Elle épousa donc le prince de Montpensier qui, peu de temps après, l'emmena à Champigny [1], séjour ordinaire des princes de sa maison, pour l'ôter de Paris où apparemment tout l'effort de la guerre allait tomber. Cette grande ville était menacée d'un siège par l'armée des huguenots, dont le prince de Condé était le chef, et qui venait de déclarer la guerre au roi pour la seconde fois. Le prince de Montpensier, dans sa plus tendre jeunesse, avait fait une amitié très particulière avec le comte de Chabanes, qui était un homme d'un âge beaucoup plus avancé que lui et d'un mérite extraordinaire. Ce comte avait été si sensible à l'estime et à la confiance de ce jeune prince que, contre les engagements qu'il avait avec le prince de Condé, qui lui faisait espérer des emplois considérables dans le parti des huguenots, il se déclara pour les catholiques, ne pouvant se résoudre à être opposé en quelque chose à un homme qui lui était si cher. Ce changement de parti n'ayant point d'autre fondement, l'on douta qu'il fût véritable, et la reine mère, Catherine de Médicis, en eut de si grands soupçons que, la guerre étant déclarée par les huguenots, elle eut dessein de le faire arrêter; mais le prince de Montpensier l'en empêcha et emmena Chabanes à Champigny en s'y en allant avec sa femme. Le comte, ayant l'esprit fort doux et fort agréable, gagna bientôt l'estime de la princesse de Montpensier, et en peu de temps, elle n'eut pas moins de confiance et d'amitié pour lui qu'en avait le prince son mari. Chabanes, de son côté, regardait avec admiration tant de beauté, d'esprit et de vertu qui paraissaient en cette jeune princesse; et, se servant de l'amitié qu'elle lui témoignait, pour lui inspirer des sentiments d'une vertu extraordinaire et digne de la grandeur de sa naissance, il la rendit en peu de temps une des personnes du monde la plus achevée. Le prince étant revenu à la cour, où la continuation de la guerre l'appelait, le comte demeura seul avec la princesse et continua d'avoir pour elle un respect et une amitié proportionnés à sa qualité et à son mérite. La confiance s'augmenta de part et d'autre, et à tel point du côté de la princesse de Montpensier qu'elle lui apprit l'inclination qu'elle avait eue pour M. de Guise; mais elle lui apprit aussi en même temps qu'elle était presque éteinte et qu'il ne lui en restait que ce qui était nécessaire pour défendre l'entrée de son cœur à une autre inclination, et que, la vertu se joignant à ce reste d'impression, elle n'était capable que d'avoir du mépris pour ceux qui oseraient avoir de l'amour pour elle. Le comte qui connaissait la sincérité de cette belle princesse et qui lui voyait d'ailleurs des dispositions si opposées à la faiblesse de la galanterie ne douta point de la vérité de ses paroles; et néanmoins il ne put se défendre de tant de charmes qu'il voyait tous les jours de si près. Il devint passionnément amoureux de cette princesse; et, quelque honte qu'il trouvât à se laisser surmonter, il fallut céder et l'aimer de la plus violente et de la plus sincère passion qui fût jamais. S'il ne fut pas maître de son cœur, il le fut de ses actions. Le changement de son âme n'en apporta point dans sa conduite et personne ne soupçonna son amour. Il prit un soin exact, pendant une année entière, de le cacher à la princesse et il crut qu'il aurait toujours le même désir de le lui cacher. L'amour fit en lui ce qu'il fait en tous les autres: il lui donna l'envie de parler et, après tous les combats qui ont accoutumé de se faire en pareilles occasions, il osa lui dire qu'il l'aimait, s'étant bien préparé à essuyer les orages dont la fierté de cette princesse le menaçait. Mais il trouva en elle une tranquillité et une froideur pires mille fois que toutes les rigueurs à quoi il s'était attendu. Elle ne prit pas la peine de se mettre en colère contre lui. Elle lui représenta en peu de mots la différence de leurs qualités et de leur âge, la connaissance particulière qu'il avait de sa vertu et de l'inclination qu'elle avait eue pour le duc de Guise, et surtout ce qu'il devait à l'amitié et à la confiance du prince son mari. Le comte pensa mourir à ses pieds de honte et de douleur. Elle tâcha de le consoler en l'assurant qu'elle ne se souviendrait jamais de ce qu'il venait de lui dire, qu'elle ne se persuaderait jamais une chose qui lui était si désavantageuse et qu'elle ne le regarderait jamais que comme son meilleur ami. Ces assurances consolèrent le comte, comme on se le peut

imaginer. Il sentit le mépris des paroles de la
princesse dans toute leur étendue et, le lendemain, la
revoyant avec un visage aussi ouvert que de coutume,
son affliction en redoubla de la moitié. Le procédé de
la princesse ne la diminua pas. Elle vécut avec lui
avec la même bonté qu'elle avait accoutumé. Elle lui
reparla, quand l'occasion en fit naître le discours, de
l'inclination qu'elle avait eue pour le duc de Guise;
et, la renommée commençant alors à publier les
grandes qualités qui paraissaient en ce prince, elle lui
avoua qu'elle en sentait de la joie et qu'elle était bien
aise de voir qu'il méritait les sentiments qu'elle avait
eus pour lui. Toutes ces marques de confiance, qui
avaient été si chères au comte, lui devinrent insup-
portables. Il n'osait pourtant le témoigner à la
princesse, quoiqu'il osât bien la faire souvenir quelquefois de ce qu'il avait eu la hardiesse de lui dire.
Après deux années d'absence, la paix étant faite, le
prince de Montpensier revint trouver la princesse sa
femme tout couvert de la gloire qu'il avait acquise au
siège de Paris et à la bataille de Saint-Denis. Il fut
surpris de voir la beauté de cette princesse dans une
si grande perfection et, par le sentiment d'une
jalousie qui lui était naturelle, il en eut quelque
chagrin, prévoyant bien qu'il ne serait pas seul à la
trouver belle. Il eut beaucoup de joie de revoir le
comte de Chabanes, pour qui son amitié n'était point
diminuée [1]. Il lui demanda confidemment des nouvelles de l'esprit et de l'humeur de sa femme, qui lui
était quasi une personne inconnue, par le peu de
temps qu'il avait demeuré avec elle. Le comte, avec
une sincérité aussi exacte que s'il n'eût point été
amoureux, dit au prince tout ce qu'il connaissait en
cette princesse capable de la lui faire aimer; et il
avertit aussi Mme de Montpensier de toutes les choses

qu'elle devait faire pour achever de gagner le cœur et l'estime de son mari.

Enfin, la passion du comte le portait si naturellement à ne songer qu'à ce qui pouvait augmenter le bonheur et la gloire de cette princesse qu'il oubliait sans peine l'intérêt qu'ont les amants à empêcher que les personnes qu'ils aiment ne soient dans une parfaite intelligence avec leurs maris [1]. La paix ne fit que paraître. La guerre recommença aussitôt, par le dessein qu'eut le roi de faire arrêter à Noyers le prince de Condé et l'amiral de Châtillon; et, ce dessein ayant été découvert, l'on commença de nouveau les préparatifs de la guerre; et le prince de Montpensier fut contraint de quitter sa femme pour se rendre où son devoir l'appelait. Chabannes le suivit à la Cour, s'étant entièrement justifié auprès de la reine. Ce ne fut pas sans une douleur extrême qu'il quitta la princesse qui, de son côté, demeura fort triste des périls où la guerre allait exposer son mari. Les chefs des huguenots s'étaient retirés à La Rochelle. Le Poitou et la Saintonge étant dans leur parti, la guerre s'y alluma fortement et le roi y rassembla toutes ses troupes. Le duc d'Anjou, son frère, qui fut depuis Henri III, y acquit beaucoup de gloire par plusieurs belles actions, et entre autres par la bataille de Jarnac, où le prince de Condé fut tué. Ce fut dans cette guerre que le duc de Guise commença à avoir des emplois considérables et à faire connaître qu'il passait de beaucoup les grandes espérances qu'on avait conçues de lui. Le prince de Montpensier, qui le haïssait, et comme son ennemi particulier, et comme celui de sa maison, ne voyait qu'avec peine la gloire de ce duc, aussi bien que l'amitié que lui témoignait le duc d'Anjou. Après que les deux armées se furent fatiguées par beaucoup de petits combats, d'un commun consentement on

licencia les troupes pour quelque temps. Le duc
d'Anjou demeura à Loches, pour donner ordre à
toutes les places qui eussent pu être attaquées. Le duc
de Guise y demeura avec lui et le prince de
Montpensier, accompagné du comte de Chabanes,
s'en retourna à Champigny, qui n'était pas fort
éloigné de là. Le duc d'Anjou allait souvent visiter les
places qu'il faisait fortifier. Un jour qu'il revenait à
Loches par un chemin peu connu de ceux de sa suite,
le duc de Guise, qui se vantait de le savoir, se mit à la
tête de la troupe pour servir de guide; mais, après
avoir marché quelque temps, il s'égara et se trouva
sur le bord d'une petite rivière qu'il ne reconnut pas
lui-même. Le duc d'Anjou lui fit la guerre de les
avoir si mal conduits et, étant arrêtés en ce lieu, aussi
disposés à la joie qu'ont accoutumé de l'être de
jeunes princes, ils aperçurent un petit bateau qui était
arrêté au milieu de la rivière; et, comme elle n'était
pas large, ils distinguèrent aisément dans ce bateau
trois ou quatre femmes, et une entre autres qui leur
sembla fort belle, qui était habillée magnifiquement,
et qui regardait avec attention deux hommes qui
pêchaient auprès d'elle [1]. Cette aventure donna une
nouvelle joie à ces jeunes princes et à tous ceux de
leur suite. Elle leur parut une chose de roman. Les
uns disaient au duc de Guise qu'il les avait égarés
exprès pour leur faire voir cette belle personne; les
autres, qu'il fallait, après ce qu'avait fait le hasard,
qu'il en devînt amoureux; et le duc d'Anjou soutenait que c'était lui qui devait être son amant. Enfin,
voulant pousser l'aventure à bout, ils firent avancer
dans la rivière de leurs gens à cheval, le plus avant
qu'il se pût, pour crier à cette dame que c'était
monsieur d'Anjou qui eût bien voulu passer de
l'autre côté de l'eau et qui priait qu'on le vînt
prendre. Cette dame, qui était la princesse de

129

Montpensier, entendant dire que le duc d'Anjou était
là et ne doutant point, à la quantité des gens qu'elle
voyait au bord de l'eau, que ce ne fût lui, fit avancer
son bateau pour aller du côté où il était. Sa bonne
mine le lui fit bientôt distinguer des autres, mais elle
distingua encore plutôt le duc de Guise. Sa vue lui
apporta un trouble qui la fit un peu rougir et qui la
fit paraître aux yeux de ces princes dans une beauté
qu'ils crurent surnaturelle. Le duc de Guise la
reconnut d'abord, malgré le changement avantageux
qui s'était fait en elle depuis les trois années qu'il ne
l'avait vue. Il dit au duc d'Anjou qui elle était, qui
fut honteux d'abord de la liberté qu'il avait prise ;
mais voyant Mme de Montpensier si belle, et cette
aventure lui plaisant si fort, il se résolut de l'achever ;
et, après mille excuses et mille compliments, il
inventa une affaire considérable, qu'il disait avoir au
delà de la rivière et accepta l'offre qu'elle lui fit de le
passer dans son bateau. Il y entra seul avec le duc de
Guise, donnant ordre à tous ceux qui les suivaient
d'aller passer la rivière à un autre endroit et de les
venir joindre à Champigny, que Mme de Montpensier
leur dit qui n'était qu'à deux lieues de là. Sitôt qu'ils
furent dans le bateau, le duc d'Anjou lui demanda à
quoi ils devaient une si agréable rencontre et ce
qu'elle faisait au milieu de la rivière. Elle lui répondit
qu'étant partie de Champigny avec le prince son
mari, dans le dessein de le suivre à la chasse, s'étant
trouvée trop lasse, elle était venue sur le bord de la
rivière où la curiosité de voir prendre un saumon, qui
avait donné dans un filet [1], l'avait fait entrer dans ce
bateau. M. de Guise ne se mêlait point dans la
conversation ; mais, sentant réveiller vivement dans
son cœur tout ce que cette princesse y avait autrefois
fait naître, il pensait en lui-même qu'il sortirait
difficilement de cette aventure sans rentrer dans ses

liens. Ils arrivèrent bientôt au bord, où ils trouvèrent les chevaux et les écuyers de Mme de Montpensier qui l'attendaient. Le duc d'Anjou et le duc de Guise lui aidèrent à monter à cheval, où elle se tenait avec une grâce admirable. Pendant tout le chemin, elle les entretint agréablement de diverses choses. Ils ne furent pas moins surpris des charmes de son esprit qu'ils l'avaient été de sa beauté; et ils ne purent s'empêcher de lui faire connaître qu'ils en étaient extraordinairement surpris[1]. Elle répondit à leurs louanges avec toute la modestie imaginable; mais un peu plus froidement à celles du duc de Guise, voulant garder une fierté qui l'empêchât de fonder aucune espérance sur l'inclination qu'elle avait eue pour lui. En arrivant dans la première cour de Champigny, ils trouvèrent le prince de Montpensier, qui ne faisait que de revenir de la chasse. Son étonnement fut grand de voir marcher deux hommes à côté de sa femme; mais il fut extrême quand, s'approchant de plus près, il reconnut que c'était le duc d'Anjou et le duc de Guise. La haine qu'il avait pour le dernier, se joignant à sa jalousie naturelle, lui fit trouver quelque chose de si désagréable à voir ces princes avec sa femme, sans savoir comment ils s'y étaient trouvés, ni ce qu'ils venaient faire en sa maison, qu'il ne put cacher le chagrin qu'il en avait. Il en rejeta adroitement la cause sur la crainte de ne pouvoir recevoir un si grand prince selon sa qualité, et comme il l'eût bien souhaité. Le comte de Chabanes avait encore plus de chagrin de voir M. de Guise auprès de Mme de Montpensier que M. de Montpensier n'en avait lui-même. Ce que le hasard avait fait pour rassembler ces deux personnes lui semblait de si mauvais augure, qu'il pronostiquait aisément que ce commencement de roman ne serait pas sans suite. Mme de Montpensier fit, le soir, les honneurs de chez elle avec le même agrément qu'elle faisait toutes choses. Enfin elle ne plut que trop à ses hôtes. Le duc d'Anjou, qui était fort galant et fort bien fait, ne put voir une fortune si digne de lui sans la souhaiter ardemment. Il fut touché du même mal que M. de Guise et, feignant toujours des affaires extra-ordinaires, il demeura deux jours à Champigny, sans être obligé d'y demeurer que par les charmes de Mme de Montpensier, le prince son mari ne faisant point de violence pour l'y retenir. Le duc de Guise ne partit pas sans faire entendre à Mme de Montpensier qu'il était pour elle ce qu'il avait été autrefois; et, comme sa passion n'avait été sue de personne, il lui dit plusieurs fois devant tout le monde, sans être entendu que d'elle, que son cœur n'était point changé. Et lui et le duc d'Anjou partirent de Champigny avec beaucoup de regret. Ils marchèrent longtemps tous deux dans un profond silence. Mais enfin le duc d'Anjou, s'imaginant tout d'un coup que ce qui faisait sa rêverie pouvait bien causer celle du duc de Guise, lui demanda brusquement s'il pensait aux beautés de la princesse de Montpensier. Cette demande si brusque, jointe à ce qu'avait déjà remarqué le duc de Guise des sentiments du duc d'Anjou, lui fit voir qu'il serait infailliblement son rival et qu'il lui était très important de ne pas découvrir son amour à ce prince. Pour lui en ôter tout soupçon, il lui répondit en riant qu'il paraissait lui-même si occupé de la rêverie dont il l'accusait qu'il n'avait pas jugé à propos de l'interrompre; que les beautés de la princesse de Montpensier n'étaient pas nouvelles pour lui; qu'il s'était accoutumé à en supporter l'éclat du temps qu'elle était destinée à être sa belle-sœur; mais qu'il voyait bien que tout le monde n'en était pas si peu ébloui. Le duc d'Anjou lui avoua qu'il n'avait encore rien vu qui lui parût comparable à cette jeune princesse et qu'il sentait bien que sa vue lui pourrait être dangereuse, s'il y était souvent exposé. Il voulut faire convenir le duc de Guise qu'il sentait la même chose; mais ce duc, qui commençait à se faire une affaire sérieuse de son amour, n'en voulut rien avouer. Ces princes s'en retournèrent à Loches, faisant souvent leur agréable conversation de l'aventure qui leur avait découvert la princesse de Montpensier. Ce ne fut pas un sujet de si grand divertissement dans Champigny. Le prince de Montpensier était mal content de tout ce qui était arrivé, sans qu'il en pût dire le sujet. Il trouvait mauvais que sa femme se fût trouvée dans ce bateau. Il lui semblait qu'elle avait reçu trop agréablement ces princes; et, ce qui lui déplaisait le plus, était d'avoir remarqué que le duc de Guise l'avait regardée attentivement. Il en conçut dès ce moment une jalousie furieuse, qui le fit ressouvenir de l'emportement qu'il avait témoigné lors de son mariage; et il eut quelque pensée que, dès ce temps-là même, il en était amoureux. Le chagrin que tous ces soupçons lui causèrent donnèrent de mauvaises heures à la princesse de Montpensier. Le comte de Chabanes, selon sa coutume, prit soin d'empêcher qu'ils ne se brouillassent tout à fait, afin de persuader par là à la princesse combien la passion qu'il avait pour elle était sincère et désintéressée. Il ne put s'empêcher de lui demander l'effet qu'avait produit en elle la vue du duc de Guise. Elle lui apprit qu'elle en avait été troublée par la honte du souvenir de l'inclination qu'elle lui avait autrefois témoignée; qu'elle l'avait trouvé beaucoup mieux fait qu'il n'était en ce temps-là et que même il lui avait paru qu'il voulait lui persuader qu'il l'aimait encore; mais elle l'assura, en même temps, que rien ne pouvait ébranler la résolution qu'elle avait prise de ne s'engager jamais. Le comte de Chabanes eut bien de la joie d'apprendre cette résolution; mais rien ne le pouvait rassurer sur le duc de Guise. Il témoigna à la princesse qu'il appréhendait extrêmement que les premières impressions ne revinssent bientôt; et il lui fit comprendre la mortelle douleur qu'il aurait, pour leur intérêt commun, s'il la voyait un jour changer de sentiments. La princesse de Montpensier, continuant toujours son procédé avec lui, ne répondait presque pas à ce qu'il lui disait de sa passion et ne considérait toujours en lui que la qualité du meilleur ami du monde, sans lui vouloir faire l'honneur de prendre garde à celle d'amant.

Les armées étant remises sur pied, tous les princes y retournèrent; et le prince de Montpensier trouva bon que sa femme s'en vînt à Paris, pour n'être plus si proche des lieux où se faisait la guerre. Les huguenots assiégèrent la ville de Poitiers. Le duc de Guise s'y jeta pour la défendre et il y fit des actions qui suffiraient seules pour rendre glorieuse une autre vie que la sienne. Ensuite la bataille de Moncontour se donna. Le duc d'Anjou, après avoir pris Saint-Jean-d'Angély, tomba malade, et quitta en même temps l'armée, soit par la violence de son mal, soit par l'envie qu'il avait de revenir goûter le repos et les douceurs de Paris, où la présence de la princesse de Montpensier n'était pas la moindre raison qui l'attirât. L'armée demeura sous le commandement du prince de Montpensier; et, peu de temps après, la paix étant faite, toute la cour se trouva à Paris. La beauté de la princesse effaça toutes celles qu'on avait admirées jusques alors. Elle attira les yeux de tout le monde par les charmes de son esprit et de sa personne. Le duc d'Anjou ne changea pas à Paris les sentiments qu'il avait conçus pour elle à Champigny. Il prit un soin extrême de le lui faire connaître par toutes sortes de soins, prenant garde toutefois à ne lui en pas rendre des témoignages trop éclatants, de peur de donner de la jalousie au prince son mari. Le duc de Guise acheva d'en devenir violemment amoureux: et voulant, par plusieurs raisons, tenir sa passion cachée, il se résolut de la lui déclarer d'abord, afin de s'épargner tous ces commencements qui font toujours naître le bruit et l'éclat. Etant un jour chez la reine, à une heure où il y avait très peu de monde, la reine s'étant retirée pour parler d'affaires avec le cardinal de Lorraine, la princesse de Montpensier y arriva. Il se résolut de prendre ce moment pour lui parler, et, s'approchant d'elle :

— Je vais vous surprendre, Madame, lui dit-il, et vous déplaire, en vous apprenant que j'ai toujours conservé cette passion qui vous a été connue autrefois, mais qui s'est si fort augmentée en vous revoyant que ni votre sévérité, ni la haine de M. le prince de Montpensier, ni la concurrence du premier prince du royaume ne sauraient lui ôter un moment de sa violence. Il aurait été plus respectueux de vous la faire connaître par mes actions que par mes paroles; mais, Madame, mes actions l'auraient apprise à d'autres aussi bien qu'à vous et je souhaite que vous sachiez seule que je suis assez hardi pour vous adorer.

La princesse fut d'abord si surprise et si troublée de ce discours qu'elle ne songea pas à l'interrompre; mais ensuite, étant revenue à elle et commençant à lui répondre, le prince de Montpensier entra. Le trouble et l'agitation étaient peints sur le visage de la princesse; la vue de son mari acheva de l'embarrasser, de sorte qu'elle lui en laissa plus entendre que le duc de Guise ne lui en venait de dire. La reine sortit de son cabinet et le duc se retira pour guérir la jalousie de ce prince. La princesse de Montpensier trouva, le soir, dans l'esprit de son mari, tout le chagrin imaginable. Il s'emporta contre elle avec des violences épouvantables et lui défendit de parler jamais au duc de Guise. Elle se retira bien triste dans son appartement et bien occupée des aventures qui lui étaient arrivées ce jour-là. Le jour suivant, elle revit le duc de Guise chez la reine; mais il ne l'aborda pas et se contenta de sortir un peu après elle, pour lui faire voir qu'il n'y avait que faire quand elle n'y était pas. Il ne se passait point de jour qu'elle ne reçût mille marques cachées de la passion de ce duc, sans qu'il essayât de lui en parler que lorsqu'il ne pouvait être vu de personne. Comme elle était bien persuadée de cette passion, elle commença, nonobstant toutes les résolutions qu'elle avait faites à Champigny, à sentir dans le fond de son cœur quelque chose de ce qui y avait été autrefois.

[Le duc d'Anjou, de son côté, qui n'oubliait rien pour lui témoigner son amour en tous les lieux où il la pouvait voir et qui la suivait continuellement chez la reine, sa mère, et la princesse, sa sœur, en était traité avec une rigueur étrange et capable de guérir toute autre passion que la sienne [1].] On découvrit, en ce temps-là, que cette princesse, qui fut depuis la reine de Navarre, eut quelque attachement pour le duc de Guise; et ce qui le fit découvrir davantage, fut le refroidissement qui parut du duc d'Anjou pour le duc de Guise. La princesse de Montpensier apprit cette nouvelle, qui ne lui fut pas indifférente et qui lui fit sentir qu'elle prenait plus d'intérêt au duc de Guise qu'elle ne pensait. M. de Montpensier, son beau-père, épousant alors Mlle de Guise, sœur de ce duc, elle était contrainte de le voir souvent dans les lieux où les cérémonies des noces les appelaient l'un et l'autre. La princesse de Montpensier, ne pouvant plus souffrir qu'un homme que toute la France

croyait amoureux de Madame, osât lui dire qu'il
l'était d'elle, et se sentant offensée et quasi affligée de
s'être trompée elle-même, un jour que le duc de
Guise la rencontra chez sa sœur, un peu éloignée des
autres et qu'il lui voulut parler de sa passion, elle
l'interrompit brusquement et lui dit d'un ton de voix
qui marquait sa colère :

— Je ne comprends pas qu'il faille, sur le fondement d'une faiblesse dont on a été capable à treize
ans, avoir l'audace de faire l'amoureux d'une personne comme moi, et surtout quand on l'est d'une
autre à la vue de toute la cour.

Le duc de Guise, qui avait beaucoup d'esprit et qui
était fort amoureux, n'eut besoin de consulter personne pour entendre tout ce que signifiaient les
paroles de la princesse. Il lui répondit avec beaucoup
de respect :

— J'avoue, Madame, que j'ai eu tort de ne pas
mépriser l'honneur d'être beau-frère de mon roi
plutôt que de vous laisser soupçonner un moment
que je pouvais désirer un autre cœur que le vôtre ;
mais, si vous voulez me faire la grâce de m'écouter,
je suis assuré de me justifier auprès de vous.

La princesse de Montpensier ne répondit point ;
mais elle ne s'éloigna pas, et le duc de Guise, voyant
qu'elle lui donnait l'audience qu'il souhaitait, lui
apprit que, sans s'être attiré les bonnes grâces de
Madame par aucun soin, elle l'en avait honoré ; que,
n'ayant nulle passion pour elle, il avait très mal
répondu à l'honneur qu'elle lui faisait, jusques à ce
qu'elle lui eût donné quelque espérance de l'épouser ;
qu'à la vérité la grandeur où ce mariage pouvait
l'élever l'avait obligé de lui rendre plus de devoirs et
que c'était ce qui avait donné lieu au soupçon qu'en
avaient eu le roi et le duc d'Anjou ; que l'opposition
de l'un ni de l'autre ne le dissuadait pas de son

dessein, mais que, si ce dessein lui déplaisait, il l'abandonnait, dès l'heure même, pour n'y penser de sa vie. Le sacrifice que le duc de Guise faisait à la princesse, lui fit oublier toute la rigueur et toute la colère avec laquelle elle avait commencé de lui parler. Elle changea de discours et se mit à l'entretenir de la faiblesse qu'avait eue Madame de l'aimer la première et de l'avantage considérable qu'il recevrait en l'épousant. Enfin, sans rien dire d'obligeant au duc de Guise, elle lui fit revoir mille choses agréables qu'il avait trouvées autrefois en Mlle de Mézières, Quoiqu'ils ne se fussent point parlé depuis longtemps, ils se trouvèrent accoutumés l'un à l'autre et leurs cœurs se remirent aisément dans un chemin qui ne leur était pas inconnu. Ils finirent cette agréable conversation, qui laissa une sensible joie dans l'esprit du duc de Guise. La princesse n'en eut pas une petite de connaître qu'il l'aimait véritablement. Mais quand elle fut dans son cabinet, quelles réflexions ne fit-elle point sur la honte de s'être laissé fléchir si aisément aux excuses du duc de Guise, sur l'embarras où elle s'allait plonger en s'engageant dans une chose qu'elle avait regardée avec tant d'horreur et sur les effroyables malheurs où la jalousie de son mari la pouvait jeter! Ces pensées lui firent faire de nouvelles résolutions, mais qui se dissipèrent dès le lendemain par la vue du duc de Guise. Il ne manquait point de lui rendre un compte exact de ce qui se passait entre Madame et lui. La nouvelle alliance de leurs maisons lui donnait occasion de lui parler souvent. Mais il n'avait pas peu de peine à la guérir de la jalousie que lui donnait la beauté de Madame, contre laquelle il n'y avait point de serment qui la pût rassurer. Cette jalousie servait à la princesse de Montpensier à défendre le reste de son cœur contre les soins du duc de Guise, qui en avait déjà gagné la plus grande

partie, Le mariage du roi avec la fille de l'empereur
Maximilien remplit la cour de fêtes et de réjouis-
sances. Le roi fit un ballet où dansaient Madame et
toutes les princesses. La princesse de Montpensier
pouvait seule lui disputer le prix de la beauté. Le duc
d'Anjou dansait une entrée de Maures; et le duc de
Guise, avec quatre autres, était de son entrée. Leurs
habits étaient tous pareils, comme le sont d'ordinaire
les habits de ceux qui dansent une même entrée. La
première fois que le ballet se dansa, le duc de Guise,
devant que de danser, n'ayant pas encore son
masque, dit quelques mots en passant à la princesse
de Montpensier [1]. Elle s'aperçut bien que le prince
son mari y avait pris garde; ce qui la mit en
inquiétude. Quelque temps après, voyant le duc
d'Anjou avec son masque et son habit de Maure qui
venait pour lui parler, troublée de son inquiétude,
elle crut que c'était encore le duc de Guise et,
s'approchant de lui :

— N'ayez des yeux ce soir que pour Madame, lui
dit-elle; je n'en serai point jalouse, je vous l'ordonne,
on m'observe, ne m'approchez plus.

Elle se retira sitôt qu'elle eut achevé ces paroles. Le
duc d'Anjou en demeura accablé comme d'un coup
de tonnerre. Il vit dans ce moment qu'il avait un rival
aimé. Il comprit, par le nom de Madame, que ce rival
était le duc de Guise; et il ne put douter que la
princesse sa sœur ne fût le sacrifice qui avait rendu la
princesse de Montpensier favorable aux vœux de son
rival. La jalousie, le dépit et la rage, se joignant à la
haine qu'il avait déjà pour lui, firent dans son âme
tout ce qu'on peut imaginer de plus violent; et il eût
donné sur l'heure quelque marque sanglante de son
désespoir si la dissimulation qui lui était naturelle ne
fût venue à son secours et ne l'eût obligé, par des
raisons puissantes, en l'état qu'étaient les choses, à ne

rien entreprendre contre le duc de Guise. Il ne put toutefois se refuser le plaisir de lui apprendre qu'il savait le secret de son amour; et, l'abordant en sortant de la salle où l'on avait dansé :

— C'est trop, lui dit-il, d'oser lever les yeux jusques à ma sœur et de m'ôter ma maîtresse. La considération du roi m'empêche d'éclater; mais souvenez-vous que la perte de votre vie sera peut-être la moindre chose dont je punirai quelque jour votre témérité [1].

La fierté du duc de Guise n'était pas accoutumée à de telles menaces. Il ne put néanmoins y répondre, parce que le roi, qui sortait en ce moment, les appela tous deux; mais elles gravèrent dans son cœur un désir de vengeance qu'il travailla toute sa vie à satisfaire. Dès le même soir, le duc d'Anjou lui rendit toutes sortes de mauvais offices auprès du roi. Il lui persuada que jamais Madame ne consentirait d'être mariée avec le roi de Navarre, avec qui on proposait de la marier, tant que l'on souffrirait que le duc de Guise l'approchât; et qu'il était honteux de souffrir qu'un de ses sujets, pour satisfaire à sa vanité, apportât de l'obstacle à une chose qui devait donner la paix à la France. Le roi avait déjà assez d'aigreur contre le duc de Guise. Ce discours l'augmenta si fort, que, le voyant le lendemain comme il se présentait pour entrer au bal chez la reine, paré d'un nombre infini de pierreries, mais plus paré encore de sa bonne mine, il se mit à l'entrée de la porte et lui demanda brusquement où il allait. Le duc, sans s'étonner, lui dit qu'il venait pour lui rendre ses très humbles services; à quoi le roi répliqua qu'il n'avait pas besoin de ceux qu'il lui rendait, et se tourna sans le regarder [1]. Le duc de Guise ne laissa pas d'entrer dans la salle, outré dans le cœur, et contre le roi, et contre le duc d'Anjou. Mais sa douleur augmenta sa fierté naturelle et, par une manière de dépit, il s'approcha beaucoup plus de Madame qu'il n'avait accoutumé; joint que ce que lui avait dit le duc d'Anjou de la princesse de Montpensier l'empêchait de jeter les yeux sur elle. Le duc d'Anjou les observait soigneusement l'un et l'autre. Les yeux de cette princesse laissaient voir malgré elle quelque chagrin lorsque le duc de Guise parlait à Madame. Le duc d'Anjou, qui avait compris par ce qu'elle lui avait dit en le prenant pour M. de Guise, qu'elle avait de la jalousie, espéra de les brouiller et, se mettant auprès d'elle :

— C'est pour votre intérêt, Madame, plutôt que pour le mien, lui dit-il, que je m'en vais vous apprendre que le duc de Guise ne mérite pas que vous l'ayez choisi à mon préjudice. Ne m'interrompez point, je vous prie, pour me dire le contraire d'une vérité que je ne sais que trop. Il vous trompe, Madame, et vous sacrifie à ma sœur, comme il vous l'a sacrifiée. C'est un homme qui n'est capable que d'ambition mais, puisqu'il a eu le bonheur de vous plaire, c'est assez. Je ne m'opposerai point à une fortune que je méritais, sans doute, mieux que lui. Je m'en rendrais indigne si je m'opiniâtrais davantage à la conquête d'un cœur qu'un autre possède. C'est trop de n'avoir pu attirer que votre indifférence. Je ne veux pas y faire succéder la haine en vous importunant plus longtemps de la plus fidèle passion qui fut jamais.

Le duc d'Anjou, qui était effectivement touché d'amour et de douleur, put à peine achever ces paroles; et, quoiqu'il eût commencé son discours dans un esprit de dépit et de vengeance, il s'attendrit, en considérant la beauté de la princesse et la perte qu'il faisait en perdant l'espérance d'en être aimé, de sorte que, sans attendre sa réponse, il sortit du bal, feignant de se trouver mal, et s'en alla chez lui rêver à son malheur. La princesse de Montpensier demeura affligée et troublée, comme on se le peut imaginer. Voir sa réputation et le secret de sa vie entre les mains d'un prince qu'elle avait maltraité et apprendre par lui, sans pouvoir en douter, qu'elle était trompée par son amant, étaient des choses peu capables de lui laisser la liberté d'esprit que demandait un lieu destiné à la joie. Il fallut pourtant demeurer en ce lieu et aller souper ensuite chez la duchesse de Montpensier, sa belle-mère, qui l'emmena avec elle. Le duc de Guise, qui mourait d'impatience de lui conter ce que lui avait dit le duc d'Anjou le jour précédent, la suivit chez sa sœur. Mais quel fut son étonnement lorsque, voulant entretenir cette belle princesse, il trouva qu'elle ne lui parlait que pour lui faire des reproches épouvantables! Et le dépit lui faisait faire ces reproches si confusément, qu'il n'y pouvait rien comprendre, sinon qu'elle l'accusait d'infidélité et de trahison. Accablé de désespoir de trouver une si grande augmentation de douleur où il avait espéré de se consoler de tous ses ennuis et aimant cette princesse avec une passion qui ne pouvait plus le laisser vivre dans l'incertitude d'en être aimé, il se détermina tout d'un coup.

— Vous serez satisfaite, Madame, lui dit-il. Je m'en vais faire pour vous ce que toute la puissance royale n'aurait pu obtenir de moi. Il m'en coûtera ma fortune, mais c'est peu de chose pour vous satisfaire.

Sans demeurer davantage chez la duchesse sa sœur, il s'en alla trouver, à l'heure même, les cardinaux, ses oncles et, sur le prétexte du mauvais traitement qu'il avait reçu du roi, il leur fit voir une si grande nécessité pour sa fortune à faire paraître qu'il n'avait aucune pensée d'épouser Madame qu'il les obligea à conclure son mariage avec la princesse de Portien, duquel on avait déjà parlé. La nouvelle de ce mariage fut aussitôt sue par tout Paris. Tout le monde fut surpris, et la princesse de Montpensier en fut touchée de joie et de douleur. Elle fut bien aise de voir par là le pouvoir qu'elle avait sur le duc de Guise et elle fut fâchée, en même temps, de lui avoir fait abandonner une chose aussi avantageuse que le mariage de Madame. Le duc de Guise, qui voulait au moins que l'amour le récompensât de ce qu'il perdait du côté de la fortune, pressa la princesse de lui donner une audience particulière pour s'éclaircir des reproches injustes qu'elle lui avait faits. Il obtint qu'elle se trouverait chez la duchesse de Montpensier, sa sœur, à une heure que cette duchesse n'y serait pas et qu'il pourrait l'entretenir en particulier. Le duc de Guise eut la joie de se pouvoir jeter à ses pieds, de lui parler en liberté de sa passion et de lui dire ce qu'il avait souffert de ses soupçons. La princesse ne pouvait s'ôter de l'esprit ce que lui avait dit le duc d'Anjou, quoique le procédé du duc de Guise la dût absolument rassurer. Elle lui apprit le juste sujet qu'elle avait de croire qu'il l'avait trahie, puisque le duc d'Anjou savait ce qu'il ne pouvait avoir appris que de lui. Le duc de Guise ne savait par où se défendre et était aussi embarrassé que la princesse de Montpensier à deviner ce qui avait pu découvrir leur intelligence. Enfin, dans la suite de leur conversation, comme elle lui remontrait qu'il avait eu tort de précipiter son mariage avec la princesse de Portien et d'abandonner celui de Madame, qui lui était si avantageux, elle lui dit qu'il pouvait bien juger qu'elle n'en eût eu aucune jalousie, puisque, le jour du ballet, elle-même l'avait conjuré de n'avoir des yeux que pour Madame. Le duc de Guise lui dit qu'elle avait eu l'intention de lui faire ce commandement, mais qu'assurément elle ne [le] lui avait pas fait. La princesse lui soutint le contraire. Enfin, à force de disputer et d'approfondir, ils trouvèrent qu'il fallait qu'elle se fût trompée dans la ressemblance des habits et qu'elle-même eût appris au duc d'Anjou ce qu'elle accusait le duc de Guise de lui avoir appris. Le duc de Guise, qui était presque justifié dans son esprit par son mariage, le fut entièrement par cette conversation. Cette belle princesse ne put refuser son cœur à un homme qui l'avait possédé autrefois et qui venait de tout abandonner pour elle. Elle consentit donc à recevoir ses vœux et lui permit de croire qu'elle n'était pas insensible à sa passion. L'arrivée de la duchesse de Montpensier, sa belle-mère, finit cette conversation et empêcha le duc de Guise de lui faire voir les transports de sa joie. Quelque temps après, la cour s'en allant à Blois, où la princesse de Montpensier la suivit, le mariage de Madame avec le roi de Navarre y fut conclu. Le duc de Guise, ne connaissant plus de grandeur ni de bonne fortune que celle d'être aimé de la princesse, vit avec joie la conclusion de ce mariage, qui l'aurait comblé de douleur dans un autre temps. Il ne pouvait si bien cacher son amour que le prince de Montpensier n'en entrevît quelque chose, lequel, n'étant plus maître de sa jalousie, ordonna à la princesse sa femme de s'en aller à Champigny. Ce commandement lui fut bien rude; il fallut pourtant obéir. Elle trouva moyen de dire adieu en particulier au duc de Guise, mais elle se trouva bien embarrassée à lui donner des moyens sûrs pour lui écrire. Enfin, après avoir bien cherché, elle jeta les yeux sur le comte de Chabanes, qu'elle comptait toujours pour son ami, sans considérer qu'il était son amant. Le duc de Guise, qui savait à quel point ce comte était ami du prince de Montpensier, fut épouvanté qu'elle le choisit pour son confident; mais elle lui répondit si bien de sa fidélité qu'elle le rassura. Il se sépara d'elle avec toute la douleur que peut causer l'absence d'une personne que l'on aime passionnément. Le comte de Chabanes, qui avait toujours été malade à Paris pendant le séjour de la princesse de Montpensier à Blois, sachant qu'elle s'en allait à Champigny, la fut trouver sur le chemin pour s'en aller avec elle. Elle lui fit mille caresses et mille amitiés et lui témoigna une impatience extraordinaire de s'entretenir en particulier, dont il fut d'abord charmé. Mais quel fut son étonnement et sa douleur, quand il trouva que cette impatience n'allait qu'à lui conter qu'elle était passionnément aimée du duc de Guise et qu'elle l'aimait de la même sorte! Son étonnement et sa douleur ne lui permirent pas de répondre. La princesse, qui était pleine de sa passion et qui trouvait un soulagement extrême à lui en parler, ne prit pas garde à son silence et se mit à lui conter jusques aux plus petites circonstances de son aventure. Elle lui dit comme le duc de Guise et elle étaient convenus de recevoir, par son moyen, les lettres qu'ils devaient s'écrire. Ce fut le dernier coup pour le comte de Chabanes de voir que sa maîtresse voulait qu'il servît son rival et qu'elle lui en faisait la proposition comme d'une chose qui lui devait être agréable. Il était si absolument maître de lui-même qu'il lui cacha tous ses sentiments. Il lui témoigna seulement la surprise où il était de voir en elle un si grand changement. Il espéra d'abord que ce changement qui lui ôtait toutes ses espérances, lui ôterait aussi toute sa passion; mais il trouva cette princesse si charmante, sa beauté naturelle étant encore de beaucoup augmentée par une certaine grâce que lui avait donnée l'air de la cour qu'il sentit qu'il l'aimait plus que jamais. Toutes les confidences qu'elle lui

faisait sur la tendresse et sur la délicatesse de ses
sentiments pour le duc de Guise lui faisaient voir le
prix du cœur de cette princesse et lui donnaient un
désir de le posséder. Comme sa passion était la plus
extraordinaire du monde, elle produisit l'effet du
monde le plus extraordinaire, car elle le fit résoudre
de porter à sa maîtresse les lettres de son rival.
L'absence du duc de Guise donnait un chagrin
mortel à la princesse de Montpensier; et, n'espérant
de soulagement que par ses lettres, elle tourmentait
incessamment le comte de Chabanes pour savoir s'il
n'en recevait point et se prenait quasi à lui de n'en
avoir pas assez tôt. Enfin, il en reçut par un
gentilhomme du duc de Guise et il les lui apporta à
l'heure même, pour ne lui retarder pas sa joie d'un
moment. Celle qu'elle eut de les recevoir fut extrême.
Elle ne prit pas le soin de la lui cacher et lui fit avaler
à longs traits tout le poison imaginable en lui lisant
ces lettres et la réponse tendre et galante qu'elle y
faisait. Il porta cette réponse au gentilhomme avec
la même fidélité avec laquelle il avait rendu la lettre
à la princesse, mais avec plus de douleur. Il se
consola pourtant un peu dans la pensée que cette
princesse ferait quelque réflexion sur ce qu'il faisait
pour elle et qu'elle lui en témoignerait de la
reconnaissance. La trouvant de jour en jour plus
rude pour lui, par le chagrin qu'elle avait d'ailleurs, il
prit la liberté de la supplier de penser un peu à ce
qu'elle lui faisait souffrir. La princesse, qui n'avait
dans la tête que le duc de Guise et qui ne trouvait
que lui seul digne de l'adorer, trouva si mauvais
qu'un autre que lui osât penser à elle qu'elle
maltraita bien plus le comte de Chabanes en cette
occasion qu'elle n'avait fait la première fois qu'il lui
avait parlé de son amour. Quoique sa passion, aussi
bien que sa patience, fût extrême et à toutes épreuves,

il quitta la princesse et s'en alla chez un de ses amis dans le voisinage de Champigny, d'où il lui écrivit avec toute la rage que pouvait causer un si étrange procédé, mais néanmoins avec tout le respect qui était dû à sa qualité; et, par sa lettre, il lui disait un éternel adieu. La princesse commença à se repentir d'avoir si peu ménagé un homme sur qui elle avait tant de pouvoir; et, ne pouvant se résoudre à le perdre, non seulement à cause de l'amitié qu'elle avait pour lui, mais aussi par l'intérêt de son amour, pour lequel il lui était tout à fait nécessaire, elle lui manda qu'elle voulait absolument lui parler encore une fois et, après cela, qu'elle le laissait libre de faire ce qu'il lui plairait. L'on est bien faible quand on est amoureux. Le comte revint et, en moins d'une heure, la beauté de la princesse de Montpensier, son esprit et quelques paroles obligeantes le rendirent plus soumis qu'il n'avait jamais été, et il lui donna même des lettres du duc de Guise qu'il venait de recevoir. Pendant ce temps, l'envie qu'on eut à la cour d'y faire venir les chefs du parti huguenot, pour cet horrible dessein qu'on exécuta le jour de la S. Barthélemy, fit que le roi, pour les mieux tromper, éloigna de lui tous les princes de la maison de Bourbon et tous ceux de la maison de Guise. Le prince de Montpensier s'en retourna à Champigny pour achever d'accabler la princesse sa femme par sa présence. Le duc de Guise s'en alla à la campagne chez le cardinal de Lorraine, son oncle. L'amour et l'oisiveté [1] mirent dans son esprit un si violent désir de voir la princesse de Montpensier que, sans considérer ce qu'il hasardait pour elle et pour lui, il feignit un voyage et, laissant tout son train dans une petite ville, il prit avec lui ce seul gentilhomme qui avait déjà fait plusieurs voyages à Champigny et il s'y en alla en poste. Comme il n'avait point d'autre adresse que celle du comte de Chabanes, il lui fit écrire un billet par ce même gentilhomme par lequel ce gentilhomme le priait de le venir trouver en un lieu qu'il lui marquait. Le comte de Chabanes, croyant que c'était seulement pour recevoir des lettres du duc de Guise, l'alla trouver; mais il fut extrêmement surpris quand il vit le duc de Guise et il n'en fut pas moins affligé. Ce duc, occupé de son dessein, ne prit non plus garde à l'embarras du comte que la princesse de Montpensier avait fait à son silence lorsqu'elle lui avait conté son amour. Il se mit à lui exagérer sa passion et à lui faire comprendre qu'il mourrait infailliblement s'il ne lui faisait obtenir de la princesse la permission de la voir. Le comte de Chabanes lui répondit froidement qu'il dirait à cette princesse tout ce qu'il souhaitait qu'il lui dît et qu'il viendrait lui en rendre réponse. Il s'en retourna à Champigny, combattu de ses propres sentiments, mais avec une violence qui lui ôtait quelquefois toute sorte de connaissance. Souvent il prenait résolution de renvoyer le duc de Guise sans le dire à la princesse de Montpensier; mais la fidélité exacte qu'il lui avait promise changeait aussitôt sa résolution. Il arriva auprès d'elle sans savoir ce qu'il devait faire; et, apprenant que le prince de Montpensier était à la chasse, il alla droit à l'appartement de la princesse qui, le voyant troublé, fit retirer aussitôt ses femmes pour savoir le sujet de ce trouble. Il lui dit, en se modérant le plus qu'il lui fut possible, que le duc de Guise était à une lieue de Champigny et qu'il souhaitait passionnément de la voir. La princesse fit un grand cri à cette nouvelle, et son embarras ne fut guère moindre que celui du comte. Son amour lui présenta d'abord la joie qu'elle aurait de voir un homme qu'elle aimait si tendrement. Mais, quand elle pensa combien cette action était contraire à sa vertu et qu'elle ne pouvait voir son amant qu'en le faisant entrer la nuit chez elle à l'insu de son mari, elle se trouva dans une extrémité épouvantable. Le comte de Chabanes attendait sa réponse comme une chose qui allait décider de sa vie ou de sa mort. Jugeant de l'incertitude de la princesse par son silence, il prit la parole pour lui représenter tous les périls où elle s'exposerait par cette entrevue. Et, voulant lui faire voir qu'il ne lui tenait pas ce discours pour ses intérêts, il lui dit :

— Si après tout ce que je viens de vous représenter, Madame, votre passion est la plus forte et que vous désiriez voir le duc de Guise, que ma considération ne vous en empêche point, si celle de votre intérêt ne le fait pas. Je ne veux point priver d'une si grande satisfaction une personne que j'adore, ni être cause qu'elle cherche des personnes moins fidèles que moi pour se la procurer. Oui, Madame, si vous le voulez, j'irai quérir le duc de Guise dès ce soir ; car il est trop périlleux de le laisser plus longtemps où il est, et je l'amènerai dans votre appartement.

— Mais par où et comment ? interrompit la princesse.

— Ah ! Madame, s'écria le comte, c'en est fait, puisque vous ne délibérez plus que sur les moyens. Il viendra, Madame, ce bienheureux amant. Je l'amènerai par le parc ; donnez ordre seulement à celle de vos femmes à qui vous vous fiez le plus, qu'elle baisse, précisément à minuit, le petit pont-levis qui donne de votre antichambre dans le parterre, et ne vous inquiétez pas du reste.

En achevant ces paroles, il se leva ; et, sans attendre d'autre consentement de la princesse de Montpensier, il remonta à cheval et vint trouver le duc de Guise qui l'attendait avec une impatience extrême. La princesse de Montpensier demeura si

troublée qu'elle fut quelque temps sans revenir à elle.
Son premier mouvement fut de faire rappeler le
comte de Chabanes pour lui défendre d'amener le
duc de Guise; mais elle n'en eut pas la force. Elle
pensa que, sans le rappeler, elle n'avait qu'à ne point
faire abaisser le pont. Elle crut qu'elle continuerait
dans cette résolution. Quand l'heure de l'assignation
approcha, elle ne put résister davantage à l'envie de
voir un amant qu'elle croyait si digne d'elle, et elle
instruisit une de ses femmes de tout ce qu'il fallait
faire pour introduire le duc de Guise dans son
appartement. Cependant, et ce duc, et le comte de
Chabanes approchaient de Champigny, mais dans un
état bien différent. Le duc abandonnait son âme à la
joie et à tout ce que l'espérance inspire de plus
agréable, et le comte s'abandonnait à un désespoir et
à une rage qui le poussèrent mille fois à donner de
son épée au travers du corps de son rival. Enfin ils
arrivèrent au parc de Champigny, où ils laissèrent
leurs chevaux à l'écuyer du duc de Guise; et, passant
par des brèches qui étaient aux murailles, ils vinrent
dans le parterre. Le comte de Chabanes, au milieu de
son désespoir, avait toujours quelque espérance que
la raison reviendrait à la princesse de Montpensier et
qu'elle prendrait enfin la résolution de ne point voir
le duc de Guise. Quand il vit ce petit pont abaissé, ce
fut alors qu'il ne put douter du contraire; et ce fut
aussi alors qu'il fut tout prêt à se porter aux
dernières extrémités. Mais, venant à penser que, s'il
faisait du bruit, il serait ouï apparemment du prince
de Montpensier, dont l'appartement donnait sur le
même parterre, et que tout ce désordre tomberait
ensuite sur la personne qu'il aimait le plus, sa rage se
calma à l'heure même, et il acheva de conduire le duc
de Guise aux pieds de sa princesse. Il ne put se
résoudre à être témoin de leur conversation, quoique

la princesse lui témoignât le souhaiter, et qu'il l'eût bien souhaité lui-même. Il se retira dans un petit passage qui était du côté de l'appartement du prince de Montpensier, ayant dans l'esprit les plus tristes pensées qui aient jamais occupé l'esprit d'un amant. Cependant, quelque peu de bruit qu'ils eussent fait en passant sur le pont, le prince de Montpensier qui, par malheur, était éveillé dans ce moment, l'entendit et fit lever un de ses valets de chambre pour voir ce que c'était. Le valet de chambre mit la tête à la fenêtre et, au travers de l'obscurité de la nuit, il aperçut que le pont était abaissé. Il en avertit son maître qui lui commanda en même temps d'aller dans le parc voir ce que ce pouvait être. Un moment après, il se leva lui-même, étant inquiété de ce qu'il lui semblait avoir ouï marcher quelqu'un, et il s'en vint droit à l'appartement de la princesse, sa femme, qui répondait sur le pont. Dans le moment qu'il approchait de ce petit passage où était le comte de Chabanes, la princesse de Montpensier, qui avait quelque honte de se trouver seule avec le duc de Guise, pria plusieurs fois le comte d'entrer dans sa chambre. Il s'en excusa toujours et, comme elle l'en pressait davantage, possédé de rage et de fureur, il lui répondit si haut qu'il fut ouï du prince de Montpensier, mais si confusément que ce prince entendit seulement la voix d'un homme, sans distinguer celle du comte. Une pareille aventure eût donné de l'emportement à un esprit, et plus tranquille, et moins jaloux. Aussi mit-elle d'abord l'excès de la rage et de la fureur dans celui du prince. Il heurta aussitôt à la porte avec impétuosité et, criant pour se faire ouvrir, il donna la plus cruelle surprise du monde à la princesse, au duc de Guise et au comte de Chabanes. Le dernier, entendant la voix du prince, comprit d'abord qu'il était impossible de l'empêcher de croire qu'il n'y eût quelqu'un dans la chambre de la princesse sa femme et, la grandeur de sa passion lui montrant en ce moment que, s'il y trouvait le duc de Guise, Mme de Montpensier aurait la douleur de le voir tuer à ses yeux et que la vie même de cette princesse ne serait pas en sûreté, il se résolut, par une générosité sans exemple, de s'exposer pour sauver une maîtresse ingrate et un rival aimé. Pendant que le prince de Montpensier donnait mille coups à la porte, il vint au duc de Guise, qui ne savait quelle résolution prendre et il le mit entre les mains de cette femme de Mme de Montpensier qui l'avait fait entrer par le pont, pour le faire sortir par le même lieu, pendant qu'il s'exposerait à la fureur du prince. A peine le duc était hors l'antichambre que le prince, ayant enfoncé la porte du passage, entra dans la chambre comme un homme possédé de fureur et qui cherchait sur qui la faire éclater. Mais quand il ne vit que le comte de Chabanes, et qu'il le vit immobile, appuyé sur la table, avec un visage où la tristesse était peinte, il demeura immobile lui-même; et la surprise de trouver, et seul, et la nuit, dans la chambre de sa femme l'homme du monde qu'il aimait le mieux, le mit hors d'état de pouvoir parler. La princesse était à demi évanouie sur des carreaux, et jamais peut-être la fortune n'a mis trois personnes en des états si pitoyables. Enfin le prince de Montpensier, qui ne croyait pas voir ce qu'il voyait, et qui voulait démêler ce chaos où il venait de tomber, adressant la parole au comte, d'un ton qui faisait voir qu'il avait encore de l'amitié pour lui :

— Que vois-je? lui dit-il. Est-ce une illusion ou une vérité? Est-il possible qu'un homme que j'ai aimé si chèrement choisisse ma femme entre toutes les autres femmes pour la séduire? Et vous, Madame, dit-il à la princesse en se tournant de son côté, n'était-ce point assez de m'ôter votre cœur et mon honneur, sans m'ôter le seul homme qui me pouvait consoler de ces malheurs? Répondez-moi l'un ou l'autre, leur dit-il, et éclaircissez-moi d'une aventure que je ne puis croire telle qu'elle me paraît.

La princesse n'était pas capable de répondre et le comte de Chabanes ouvrit plusieurs fois la bouche sans pouvoir parler :

— Je suis criminel à votre égard, lui dit-il enfin, et indigne de l'amitié que vous avez eue pour moi; mais ce n'est pas de la manière que vous pouvez vous l'imaginer. Je suis plus malheureux que vous et plus désespéré. Je ne saurais vous en dire davantage. Ma mort vous vengera et, si vous voulez me la donner tout à l'heure, vous me donnerez la seule chose qui peut m'être agréable.

Ces paroles, prononcées avec une douleur mortelle et avec un air qui marquait son innocence, au lieu d'éclaircir le prince de Montpensier, lui persuadaient de plus en plus qu'il y avait quelque mystère dans cette aventure, qu'il ne pouvait deviner; et, son désespoir s'augmentant par cette incertitude :

— Otez-moi la vie vous-même, lui dit-il, ou donnez-moi l'éclaircissement de vos paroles; je n'y comprends rien. Vous devez cet éclaircissement à mon amitié. Vous le devez à ma modération, car tout autre que moi aurait déjà vengé sur votre vie un affront si sensible.

— Les apparences sont bien fausses, interrompit le comte.

— Ah! c'est trop, répliqua le prince; il faut que je me venge et, puis je m'éclaircirai à loisir.

En disant ces paroles, il s'approcha du comte de Chabanes avec l'action d'un homme emporté de rage. La princesse, craignant quelque malheur (ce qui ne pouvait pourtant pas arriver, son mari n'ayant point d'épée), se leva pour se mettre entre-deux. La faiblesse où elle était la fit succomber à cet effort et, comme elle approchait de son mari, elle tomba évanouie à ses pieds. Le prince fut encore plus touché de cet évanouissement qu'il n'avait été de la tranquillité où il avait trouvé le comte lorsqu'il s'était approché de lui; et, ne pouvant plus soutenir la vue de deux personnes qui lui donnaient des mouvements si tristes, il tourna la tête de l'autre côté et se laissa tomber sur le lit de sa femme, accablé d'une douleur incroyable. Le comte de Chabanes, pénétré de repentir d'avoir abusé d'une amitié dont il recevait tant de marques et ne trouvant pas qu'il pût jamais réparer ce qu'il venait de faire, sortit brusquement de la chambre, et, passant par l'appartement du prince dont il trouva les portes ouvertes, il descendit dans la cour. Il se fit donner des chevaux et s'en alla dans la campagne, guidé par son seul désespoir. Cependant le prince de Montpensier, qui voyait que la princesse ne revenait point de son évanouissement, la laissa entre les mains de ses femmes et se retira dans sa chambre avec une douleur mortelle. Le duc de Guise, qui était sorti heureusement du parc, sans savoir quasi ce qu'il faisait tant il était troublé, s'éloigna de Champigny de quelques lieues; mais il ne put s'éloigner davantage sans savoir des nouvelles de la princesse. Il s'arrêta dans une forêt et envoya son écuyer pour apprendre du comte de Chabanes ce qui était arrivé de cette terrible aventure. L'écuyer ne trouva point le comte de Chabanes; mais il apprit d'autres personnes que la princesse de Montpensier était extraordinairement malade. L'inquiétude du duc de Guise fut augmentée par ce que lui dit son écuyer et, sans la pouvoir soulager, il fut contraint de s'en retourner trouver ses oncles pour ne pas donner de soupçon par un plus long voyage. L'écuyer du duc

de Guise lui avait rapporté la vérité, en lui disant que
Mme de Montpensier était extrêmement malade ; car
il était vrai que, sitôt que ses femmes l'eurent mise
dans son lit, la fièvre lui prit si violemment et avec
des rêveries si horribles que, dès le second jour, l'on
craignit pour sa vie. Le prince feignit d'être malade,
afin qu'on ne s'étonnât de ce qu'il n'entrait pas dans
la chambre de sa femme. L'ordre qu'il reçut de s'en
retourner à la cour, où l'on rappelait tous les princes
catholiques pour exterminer les huguenots, le tira de
l'embarras où il était. Il s'en alla à Paris, ne sachant
ce qu'il avait à espérer ou à craindre du mal de la
princesse sa femme. Il n'y fut pas sitôt arrivé qu'on
commença d'attaquer les huguenots en la personne
d'un de leurs chefs, l'amiral de Châtillon, et, deux
jours après, l'on fit cet horrible massacre, si
renommé par toute l'Europe. Le pauvre comte de
Chabanes, qui s'était venu cacher dans l'extrémité de
l'un des faubourgs de Paris pour s'abandonner
entièrement à sa douleur, fut enveloppé dans la ruine
des huguenots. Les personnes chez qui il s'était retiré,
l'ayant reconnu et s'étant souvenues qu'on l'avait
soupçonné d'être de ce parti, le massacrèrent cette
même nuit qui fut si funeste à tant de gens [1]. Le
matin, le prince de Montpensier, allant donner
quelques ordres hors la ville, passa dans la rue où
était le corps de Chabanes. Il fut d'abord saisi
d'étonnement à ce pitoyable spectacle ; ensuite, son
amitié se réveillant, elle lui donna de la douleur ; mais
le souvenir de l'offense qu'il croyait avoir reçue du
comte lui donna enfin de la joie, et il fut bien aise de
se voir vengé par les mains de la fortune. Le duc de
Guise, occupé du désir de venger la mort de son père
et, peu après, rempli de la joie de l'avoir vengée,
laissa peu à peu éloigner de son âme le soin
d'apprendre des nouvelles de la princesse de Mont-

pensier; et, trouvant la marquise de Noirmoutier, personne de beaucoup d'esprit et de beauté, et qui donnait plus d'espérance que cette princesse, il s'y attacha entièrement et l'aima avec une passion démesurée et qui lui dura jusques à la mort [1]. Cependant, après que le mal de Mme de Montpensier fut venu au dernier point, il commença à diminuer. La raison lui revint et, se trouvant un peu soulagée par l'absence du prince son mari, elle donna quelque espérance de sa vie. Sa santé revenait pourtant avec grande peine, par le mauvais état de son esprit; et son esprit fut travaillé de nouveau, quand elle se souvint qu'elle n'avait eu aucune nouvelle du duc de Guise pendant toute sa maladie. Elle s'enquit de ses femmes si elles n'avaient vu personne, si elles n'avaient point de lettres; et, ne trouvant rien de ce qu'elle eût souhaité, elle se trouva la plus malheureuse du monde d'avoir tout hasardé pour un homme qui l'abandonnait. Ce lui fut encore un nouvel accablement d'apprendre la mort du comte de Chabanes qu'elle sut bientôt par les soins du prince son mari. L'ingratitude du duc de Guise lui fit sentir plus vivement la perte d'un homme dont elle connaissait si bien la fidélité. Tant de déplaisirs si pressants la remirent bientôt dans un état aussi dangereux que celui dont elle était sortie. Et, comme Mme de Noirmoutier était une personne qui prenait autant de soin de faire éclater ses galanteries que les autres en prennent de les cacher, celles de M. de Guise et d'elle étaient si publiques que, tout éloignée et toute malade qu'était la princesse de Montpensier, elle les apprit de tant de côtés qu'elle n'en put douter [2]. Ce fut le coup mortel pour sa vie. Elle ne put résister à la douleur d'avoir perdu l'estime de son mari, le cœur de son amant et le plus parfait ami qui fut jamais.

Elle mourut en peu de jours, dans la fleur de son âge [1], une des plus belles princesses du monde, et qui aurait été sans doute la plus heureuse, si la vertu et la prudence eussent conduit toutes ses actions.

LA COMTESSE
DE TENDE

Nouvelle historique

Mademoiselle de Strozzi [1], fille du maréchal et proche parente de Catherine de Médicis, épousa, la première année de la Régence de cette reine, le comte de Tende, de la maison de Savoie, riche, bien fait, le seigneur de la cour qui vivait avec le plus d'éclat et plus propre à se faire estimer qu'à plaire. Sa femme néanmoins l'aima d'abord avec passion. Elle était fort jeune ; il ne la regarda que comme une enfant, et il fut bientôt amoureux d'une autre. La comtesse de Tende, vive, et d'une race italienne, devint jalouse ; elle ne se donnait point de repos ; elle n'en laissait point à son mari ; il évita sa présence et ne vécut plus avec elle comme l'on vit avec sa femme.

La beauté de la comtesse augmenta ; elle fit paraître beaucoup d'esprit ; le monde la regarda avec admiration ; elle fut occupée d'elle-même et guérit insensiblement de sa jalousie et de sa passion.

Elle devint l'amie intime de la princesse de Neufchâtel [2], jeune, belle et veuve du prince de ce nom, qui lui avait laissé en mourant cette souveraineté qui la rendait le parti de la cour le plus élevé et le plus brillant.

Le chevalier de Navarre, descendu des anciens

161

souverains de ce royaume, était aussi alors jeune, beau, plein d'esprit et d'élévation; mais la fortune ne lui avait donné d'autre bien que la naissance. Il jeta les yeux sur la princesse de Neufchâtel, dont il connaissait l'esprit, comme sur une personne capable d'un attachement violent et propre à faire la fortune d'un homme comme lui. Dans cette vue, il s'attacha à elle sans en être amoureux et attira son inclination : il en fut souffert, mais il se trouva encore bien éloigné du succès qu'il désirait. Son dessein était ignoré de tout le monde; un seul de ses amis en avait la confidence et cet ami était aussi intime ami du comte de Tende. Il fit consentir le chevalier de Navarre à confier son secret au comte, dans la vue qu'il l'obligerait à le servir auprès de la princesse de Neufchâtel. Le comte de Tende aimait déjà le chevalier de Navarre; il en parla à sa femme, pour qui il commençait à avoir plus de considération et l'obligea, en effet, de faire ce qu'on désirait.

La princesse de Neufchâtel lui avait déjà fait confidence de son inclination pour le chevalier de Navarre; cette comtesse la fortifia. Le chevalier la vint voir, il prit des liaisons et des mesures avec elle; mais, en la voyant, il prit aussi pour elle une passion violente. Il ne s'y abandonna pas d'abord; il vit les obstacles que ces sentiments partagés entre l'amour et l'ambition apporteraient à son dessein; il résista; mais, pour résister, il ne fallait pas voir souvent la comtesse de Tende et il la voyait tous les jours en cherchant la princesse de Neufchâtel; ainsi il devint éperdument amoureux de la comtesse. Il ne put lui cacher entièrement sa passion; elle s'en aperçut; son amour-propre en fut flatté et elle se sentit un amour violent pour lui.

Un jour, comme elle lui parlait de la grande fortune d'épouser la princesse de Neufchâtel, il lui dit

162

en la regardant d'un air où sa passion était entièrement déclarée : « Et croyez-vous, madame, qu'il n'y ait point de fortune que je préférasse à celle d'épouser cette princesse. » La comtesse de Tende fut frappée des regards et des paroles du chevalier; elle le regarda des mêmes yeux dont il la regardait, et il y eut un trouble et un silence entre eux, plus parlant que les paroles. Depuis ce temps, la comtesse fut dans une agitation qui lui ôta le repos; elle sentit le remords d'ôter à son amie le cœur d'un homme qu'elle allait épouser uniquement pour en être aimée, qu'elle épousait avec l'improbation de tout le monde, et aux dépens de son élévation [1].

Cette trahison lui fit horreur. La honte et les malheurs d'une galanterie se présentèrent à son esprit; elle vit l'abîme où elle se précipitait et elle résolut de l'éviter.

Elle tint mal ses résolutions. La princesse était presque déterminée à épouser le chevalier de Navarre; néanmoins elle n'était pas contente de la passion qu'il avait pour elle et, au travers de celle qu'elle avait pour lui et du soin qu'il prenait de la tromper, elle démêlait la tiédeur de ses sentiments. Elle s'en plaignit à la comtesse de Tende; cette comtesse la rassura; mais les plaintes de Mme de Neufchâtel achevèrent de troubler la comtesse; elles lui firent voir l'étendue de sa trahison, qui coûterait peut-être la fortune de son amant. La comtesse l'avertit des défiances de la princesse. Il lui témoigna de l'indifférence pour tout, hors d'être aimé d'elle; néanmoins il se contraignit par ses ordres et rassura si bien la princesse de Neufchâtel qu'elle fit voir à la comtesse de Tende qu'elle était entièrement satisfaite du chevalier de Navarre.

La jalousie se saisit alors de la comtesse. Elle craignit que son amant n'aimât véritablement la princesse; elle vit toutes les raisons qu'il avait de l'aimer: leur mariage, qu'elle avait souhaité, lui fit horreur; elle ne voulait pourtant pas qu'il le rompît, et elle se trouvait dans une cruelle incertitude. Elle laissa voir au chevalier tous ses remords sur la princesse de Neufchâtel; elle résolut seulement de lui cacher sa jalousie et crut en effet la lui avoir cachée.

La passion de la princesse surmonta enfin toutes ses irrésolutions; elle se détermina à son mariage et se résolut de le faire secrètement et de ne le déclarer que quand il serait fait.

La comtesse de Tende était prête à expirer de douleur. Le même jour qui fut pris pour le mariage, il y avait une cérémonie publique; son mari y assista. Elle y envoya toutes ses femmes; elle fit dire qu'on ne la voyait pas et s'enferma dans son cabinet, couchée sur un lit de repos et abandonnée à tout ce que les remords, l'amour et la jalousie peuvent faire sentir de plus cruel.

Comme elle était dans cet état, elle entendit ouvrir une porte dérobée de son cabinet et vit paraître le chevalier de Navarre, paré et d'une grâce au-dessus de ce qu'elle ne l'avait jamais vu: « Chevalier, où allez-vous? s'écria-t-elle, que cherchez-vous? Avez-vous perdu la raison? Qu'est devenu votre mariage, et songez-vous à ma réputation? » « Soyez en repos de votre réputation, madame, lui répondit-il; personne ne le peut savoir; il n'est pas question de mon mariage; il ne s'agit plus de ma fortune, il ne s'agit que de votre cœur, madame, et d'être aimé de vous; je renonce à tout le reste. Vous m'avez laissé voir que vous ne me haïssiez pas, mais vous m'avez voulu cacher que je suis assez heureux pour que mon mariage vous fasse de la peine. Je viens vous dire, madame, que j'y renonce, que ce mariage me serait un supplice et que je ne veux vivre que pour vous.

L'on m'attend à l'heure que je vous parle, tout est prêt, mais je vais tout rompre, si, en le rompant, je fais une chose qui vous soit agréable et qui vous prouve ma passion. »

La comtesse se laissa tomber sur un lit de repos, dont elle s'était relevée à demi et, regardant le chevalier avec des yeux pleins d'amour et de larmes : « Vous voulez donc que je meure? lui dit-elle. Croyez-vous qu'un cœur puisse contenir tout ce que vous me faites sentir? Quitter à cause de moi la fortune qui vous attend! je n'en puis seulement supporter la pensée. Allez à Mme la princesse de Neufchâtel, allez à la grandeur qui vous est destinée; vous aurez mon cœur en même temps. Je ferai de mes remords, de mes incertitudes et de ma jalousie, puisqu'il faut vous l'avouer, tout ce que ma faible raison me conseillera; mais je ne vous verrai jamais si vous n'allez tout à l'heure achever votre mariage. Allez, ne demeurez pas un moment, mais, pour l'amour de moi et pour l'amour de vous-même, renoncez à une passion aussi déraisonnable que celle que vous me témoignez et qui nous conduira peut-être à d'horribles malheurs. »

Le chevalier fut d'abord transporté de joie de se voir si véritablement aimé de la comtesse de Tende; mais l'horreur de se donner à une autre lui revint devant les yeux[1]. Il pleura, il s'affligea, il lui promit tout ce qu'elle voulut, à condition qu'il la reverrait encore dans ce même lieu. Elle voulut savoir, avant qu'il sortît, comment il y était entré. Il lui dit qu'il s'était fié à un écuyer qui était à elle, et qui avait été à lui, qu'il l'avait fait passer par la cour des écuries où répondait le petit degré qui menait à ce cabinet et qui répondait aussi à la chambre de l'écuyer.

Cependant, l'heure du mariage approchait et le chevalier, pressé par la comtesse de Tende, fut enfin contraint de s'en aller. Mais il alla, comme au supplice, à la plus grande et à la plus agréable fortune où un cadet sans bien eût été jamais élevé. La comtesse de Tende passa la nuit, comme on se le peut imaginer, agitée par ses inquiétudes; elle appela ses femmes sur le matin et, peu de temps après que sa chambre fut ouverte, elle vit son écuyer s'approcher de son lit et mettre une lettre dessus, sans que personne s'en aperçût. La vue de cette lettre la troubla et, parce qu'elle la reconnut être du chevalier de Navarre, et parce qu'il était si peu vraisemblable que, pendant cette nuit qui devait avoir été celle de ses noces, il eût eu le loisir de lui écrire, qu'elle craignit qu'il n'eût apporté, ou qu'il ne fût arrivé quelques obstacles à son mariage. Elle ouvrit la lettre avec beaucoup d'émotion et y trouva à peu près ces paroles :

« Je ne pense qu'à vous, madame, je ne suis occupé que de vous; et dans les premiers moments de la possession légitime du plus grand parti de France, à peine le jour commence à paraître que je quitte la chambre où j'ai passé la nuit, pour vous dire que je me suis déjà repenti mille fois de vous avoir obéi et de n'avoir pas tout abandonné pour ne vivre que pour vous. »

Cette lettre, et les moments où elle était écrite, touchèrent sensiblement la comtesse de Tende; elle alla dîner chez la princesse de Neufchâtel, qui l'en avait priée. Son mariage était déclaré. Elle trouva un nombre infini de personnes dans la chambre; mais, sitôt que cette princesse la vit, elle quitta tout le monde et la pria de passer dans son cabinet. A peine étaient-elles assises, que le visage de la princesse se couvrit de larmes. La comtesse crut que c'était l'effet de la déclaration de son mariage et qu'elle la trouvait plus difficile à supporter qu'elle ne l'avait imaginé ; mais elle vit bientôt qu'elle se trompait. « Ah ! madame, lui dit la princesse, qu'ai-je fait ? J'ai épousé un homme par passion ; j'ai fait un mariage inégal, désapprouvé, qui m'abaisse ; et celui que j'ai préféré à tout en aime une autre ! » La comtesse de Tende pensa s'évanouir à ces paroles ; elle crut que la princesse ne pouvait avoir pénétré la passion de son mari sans en avoir aussi démêlé la cause ; elle ne put répondre. La princesse de Navarre (on l'appela ainsi depuis son mariage) n'y prit pas garde et, continuant : « M. le prince de Navarre, lui dit-elle, madame, bien loin d'avoir l'impatience que lui devait donner la conclusion de notre mariage, se fit attendre hier au soir. Il vint sans joie, l'esprit occupé et embarrassé ; il est sorti de ma chambre à la pointe du jour sur je ne sais quel prétexte. Mais il venait d'écrire ; je l'ai connu à ses mains. A qui pouvait-il écrire qu'à une maîtresse ? Pourquoi se faire attendre, et de quoi avait-il l'esprit embarrassé ? »

L'on vint dans le moment interrompre cette conversation, parce que la princesse de Condé arrivait ; la princesse de Navarre alla la recevoir et la comtesse de Tende demeura hors d'elle-même. Elle écrivit dès le soir au prince de Navarre pour lui donner avis des soupçons de sa femme et pour l'obliger à se contraindre. Leur passion ne se ralentit pas par les périls et par les obstacles ; la comtesse de Tende n'avait point de repos et le sommeil ne venait plus adoucir ses chagrins. Un matin, après qu'elle eut appelé ses femmes, son écuyer s'approcha d'elle et lui dit tout bas que le prince de Navarre était dans son cabinet et qu'il la conjurait qu'il lui pût dire une chose qu'il était absolument nécessaire qu'elle sût. L'on cède aisément à ce qui plaît ; la comtesse savait que son mari était sorti ; elle dit qu'elle voulait dormir et dit à ses femmes de refermer ses portes et de ne point revenir qu'elle ne les appelât.

Le prince de Navarre entra par ce cabinet et se jeta à genoux devant son lit. « Qu'avez-vous à me dire? » lui dit-elle. « Que je vous aime, madame, que je vous adore, que je ne saurais vivre avec Mme de Navarre. Le désir de vous voir s'est saisi de moi ce matin avec une telle violence que je n'ai pu y résister. Je suis venu ici au hasard de tout ce qui pourrait en arriver et sans espérer même de vous entretenir. » La comtesse le gronda d'abord de la commettre si légèrement et ensuite leur passion les conduisit à une conversation si longue que le comte de Tende revint de la ville. Il alla à l'appartement de sa femme; on lui dit qu'elle n'était pas éveillée. Il était tard; il ne laissa pas d'entrer dans sa chambre et trouva le prince de Navarre à genoux devant son lit, comme il s'était mis d'abord. Jamais étonnement ne fut pareil à celui du comte de Tende, et jamais trouble n'égala celui de sa femme; le prince de Navarre conserva seul de la présence d'esprit, sans se troubler ni se lever de la place! « Venez, venez, dit-il au comte de Tende, m'aider à obtenir une grâce que je demande à genoux et que l'on me refuse. »

Le ton et l'air du prince de Navarre suspendit l'étonnement du comte de Tende. « Je ne sais, lui répondit-il du même ton qu'avait parlé le prince, si une grâce que vous demandez à genoux à ma femme, quand on dit qu'elle dort et que je vous trouve seul avec elle, et sans carrosse à ma porte, sera de celles que je souhaiterais qu'elle vous accorde. » Le prince de Navarre, rassuré et hors de l'embarras du premier moment, se leva, s'assit avec une liberté entière, et la comtesse de Tende, tremblante et éperdue, cacha son trouble par l'obscurité du lieu où elle était. Le prince de Navarre prit la parole et dit au comte :

— « Je vais vous surprendre, vous m'allez blâmer, mais il faut néanmoins me secourir. Je suis amoureux et aimé de la plus aimable personne de la cour; je me dérobai hier au soir de chez la princesse de Navarre et de tous mes gens pour aller à un rendez-vous où cette personne m'attendait. Ma femme, qui a déjà démêlé que je suis occupé d'autre chose que d'elle, et qui a de l'attention à ma conduite, a su par mes gens que je les avais quittés; elle est dans une jalousie et un désespoir dont rien n'approche. Je lui ai dit que j'avais passé les heures qui lui donnaient de l'inquiétude, chez la maréchale [de] Saint-André, qui est incommodée et qui ne voit presque personne; je lui ai dit que Mme la comtesse de Tende y était seule et qu'elle pouvait lui demander si elle ne m'y avait pas vu tout le soir. J'ai pris le parti de venir me confier à Mme la comtesse. Je suis allé chez la Châtre, qui n'est qu'à trois pas d'ici; j'en suis sorti sans que mes gens m'aient vu et on m'a dit que madame était éveillée. Je n'ai trouvé personne dans son antichambre et je suis entré hardiment. Elle me refuse de mentir en ma faveur; elle dit qu'elle ne veut pas trahir son amie et me fait des réprimandes très sages : je me les suis faites à moi-même inutilement. Il faut ôter à Mme la princesse de Navarrre l'inquiétude et la jalousie où elle est, et me tirer du mortel embarras de ses reproches. »

La comtesse de Tende ne fut guère moins surprise de la présence d'esprit du prince qu'elle l'avait été de la venue de son mari; elle se rassura et il ne demeura pas le moindre doute au comte. Il se joignit à sa femme pour faire voir au prince l'abîme des malheurs où il s'allait plonger et ce qu'il devait à cette princesse; la comtesse promit de lui dire tout ce que voulait son mari.

Comme il allait sortir, le comte l'arrêta : « pour

récompense du service que nous vous allons rendre aux dépens de la vérité, apprenez-nous du moins quelle est cette aimable maîtresse. Il faut que ce ne soit pas une personne fort estimable de vous aimer et de conserver avec vous un commerce, vous voyant embarqué avec une personne aussi belle que Mme la princesse de Navarre, vous la voyant épouser et voyant ce que vous lui devez. Il faut que cette personne n'ait ni esprit, ni courage, ni délicatesse et, en vérité, elle ne mérite pas que vous troubliez un aussi grand bonheur que le vôtre et que vous vous rendiez si ingrat et si coupable ». Le prince ne sut que répondre ; il feignit d'avoir hâte. Le comte de Tende le fit sortir lui-même afin qu'il ne fût pas vu.

La comtesse demeura éperdue du hasard qu'elle avait couru, des réflexions que faisaient faire les paroles de son mari et de la vue des malheurs où sa passion l'exposait ; mais elle n'eut pas la force de s'en dégager. Elle continua son commerce avec le prince ; elle le voyait quelquefois par l'entremise de La Lande, son écuyer. Elle se trouvait et était en effet une des plus malheureuses personnes du monde. La princesse de Navarre lui faisait tous les jours confidence d'une jalousie dont elle était la cause ; cette jalousie la pénétrait de remords et, quand la princesse de Navarre était contente de son mari, elle-même était pénétrée de jalousie à son tour.

Il se joignit un nouveau tourment à ceux qu'elle avait déjà : le comte de Tende devint aussi amoureux d'elle que si elle n'eût point été sa femme ; il ne la quittait plus et voulait reprendre tous ses droits méprisés.

La comtesse s'y opposa avec une force et une aigreur qui allai[ent] jusqu'au mépris : prévenue pour le prince de Navarre, elle était blessée et offensée de toute autre passion que de la sienne. Le comte de

Tende sentit son procédé dans toute sa dureté et, piqué jusqu'au vif, il l'assura qu'il ne l'importunerait de sa vie et, en effet, il la laissa avec beaucoup de sécheresse.

La campagne s'approchait; le prince de Navarre devait partir pour l'armée. La comtesse de Tende commença à sentir les douleurs de son absence et la crainte des périls où il serait exposé; elle résolut de se dérober à la contrainte de cacher son affliction et prit le parti d'aller passer la belle saison dans une terre qu'elle avait à trente lieues de Paris.

Elle exécuta ce qu'elle avait projeté; leur adieu fut si douloureux qu'ils en devaient tirer l'un et l'autre un mauvais augure. Le comte de Tende demeura auprès du roi, où il était attaché par sa charge.

La cour devait s'approcher de l'armée; la maison de Mme de Tende n'en était pas bien loin; son mari lui dit qu'il y ferait un voyage d'une nuit seulement pour des ouvrages qu'il avait commencés. Il ne voulut pas qu'elle pût croire que c'était pour la voir; il avait contre elle tout le dépit que donnent les passions. Mme de Tende avait trouvé dans les commencements le prince de Navarre si plein de respect et elle s'était senti tant de vertu qu'elle ne s'était défiée ni de lui, ni d'elle-même. Mais le temps et les occasions avaient triomphé de sa vertu et du respect et, peu de temps après qu'elle fut chez elle, elle s'aperçut qu'elle était grosse. Il ne faut que faire réflexion à la réputation qu'elle avait acquise et conservée et à l'état où elle était avec son mari, pour juger de son désespoir. Elle fut pressée plusieurs fois d'attenter à sa vie; cependant elle conçut quelque légère espérance sur le voyage que son mari devait faire auprès d'elle, et résolut d'en attendre le succès. Dans cet accablement, elle eut encore la douleur d'appendre que La Lande, qu'elle avait laissé à Paris pour les lettres de son amant et les siennes, était mort en peu de jours, et elle se trouvait dénuée de tout secours, dans un temps où elle en avait tant de besoin.

Cependant l'armée avait entrepris un siège. Sa passion pour le prince de Navarre lui donnait de continuelles craintes, même au travers des mortelles horreurs dont elle était agitée.

Ses craintes ne se trouvèrent que trop bien fondées ; elle reçut des lettres de l'armée ; elle y apprit la fin du siège, mais elle apprit aussi que le prince de Navarre avait été tué le dernier jour. Elle perdit la connaissance et la raison ; elle fut plusieurs fois privée de l'une et de l'autre. Cet excès de malheur lui paraissait dans des moments une espèce de consolation. Elle ne craignait plus rien pour son repos, pour sa réputation, ni pour sa vie ; la mort seule lui paraissait désirable : elle l'espérait de sa douleur ou était résolue de se la donner. Un reste de honte l'obligea à dire qu'elle sentait des douleurs excessives, pour donner un prétexte à ses cris et à ses larmes. Si mille adversités la firent retourner sur elle-même, elle vit qu'elle les avait méritées, et la nature et le christianisme la détournèrent d'être homicide d'elle-même et suspendirent l'exécution de ce qu'elle avait résolu.

Il n'y avait pas longtemps qu'elle était dans ces violentes douleurs, lorsque le comte de Tende arriva. Elle croyait connaître tous les sentiments que son malheureux état lui pouvait inspirer ; mais l'arrivée de son mari lui donna encore un trouble et une confusion qui lui fut nouvelle. Il sut en arrivant qu'elle était malade et, comme il avait toujours conservé des mesures d'honnêteté aux yeux du public et de son domestique, il vint d'abord dans sa chambre. Il la trouva comme une personne hors d'elle-même, comme une personne égarée et elle ne put retenir ses larmes, qu'elle attribuait toujours aux douleurs qui la tourmentaient. Le comte de Tende, touché de l'état où il la voyait, s'attendrit pour elle et, croyant faire quelque diversion à ses douleurs, il lui parla de la mort du prince de Navarre et de l'affliction de sa femme.

Celle de Mme de Tende ne put résister à ce discours; ses larmes redoublèrent d'une telle sorte que le comte de Tende en fut surpris et presque éclairé; il sortit de la chambre plein de trouble et d'agitation; il lui sembla que sa femme n'était pas dans l'état que causent les douleurs du corps; ce redoublement de larmes, lorsqu'il lui avait parlé de la mort du prince de Navarre, l'avait frappé et, tout d'un coup, l'aventure de l'avoir trouvé à genoux devant son lit se présenta à son esprit. Il se souvint du procédé qu'elle avait eu avec lui, lorsqu'il avait voulu retourner à elle, et enfin il crut voir la vérité: mais il lui restait néanmoins ce doute que l'amour-propre nous laisse toujours pour les choses qui coûtent trop cher à croire.

Son désespoir fut extrême, et toutes ses pensées furent violentes; mais comme il était sage, il retint ses premiers mouvements et résolut de partir le lendemain à la pointe du jour sans voir sa femme, remettant au temps à lui donner plus de certitude et à prendre ses résolutions.

Quelque abîmée que fût Mme de Tende dans sa douleur, elle n'avait pas laissé de s'apercevoir du peu de pouvoir qu'elle avait eu sur elle-même et de l'air dont son mari était sorti de sa chambre; elle se douta d'une partie de la vérité et, n'ayant plus que de l'horreur pour sa vie, elle se résolut de la perdre d'une manière qui ne lui ôtât pas l'espérance de l'autre.

Après avoir examiné ce qu'elle allait faire, avec des agitations mortelles, pénétrée de ses malheurs et du repentir de sa vie, elle se détermina enfin à écrire ces mots à son mari :

« *Cette lettre me va coûter la vie; mais je mérite la mort et je la désire. Je suis grosse. Celui qui est la cause de mon malheur n'est plus au monde, aussi bien que le seul homme qui savait notre commerce; le public ne l'a jamais soupçonné. J'avais résolu de finir ma vie par mes mains, mais je l'offre à Dieu et à vous pour l'expiation de mon crime. Je n'ai pas voulu me déshonorer aux yeux du monde, parce que ma réputation vous regarde; conservez-la pour l'amour de vous. Je vais faire paraître l'état où je suis; cachez-en la honte et faites-moi périr quand vous voudrez et comme vous le voudrez.* » [1]

Le jour commençait à paraître lorsqu'elle eut écrit cette lettre, la plus difficile à écrire qui ait peut-être jamais été écrite; elle la cacheta, se mit à la fenêtre et, comme elle vit le comte de Tende dans la cour, prêt à monter en carrosse, elle envoya une de ses femmes la lui porter et lui dire qu'il n'y avait rien de pressé et qu'il la lût à loisir. Le comte de Tende fut surpris de cette lettre; elle lui donna une sorte de pressentiment, non pas de tout ce qu'il y devait trouver, mais de quelque chose qui avait rapport à ce qu'il avait pensé la veille. Il monta seul en carrosse, plein de trouble et n'osant même ouvrir la lettre, quelque impatience qu'il eût de la lire; il la lut enfin et apprit son malheur; mais que ne pensa-t-il point après l'avoir lue! S'il eût eu des témoins, le violent état où il était l'aurait fait croire privé de raison ou prêt de perdre la vie. La jalousie et les soupçons bien fondés préparent d'ordinaire les maris à leurs malheurs; ils ont même toujours quelques doutes, mais ils n'ont pas cette certitude que donne l'aveu, qui est au-dessus de nos lumières.

Le comte de Tende avait toujours trouvé sa femme très aimable, quoiqu'il ne l'eût pas également aimée; mais elle lui avait toujours paru la plus estimable femme qu'il eût jamais vue; ainsi, il n'avait pas moins d'étonnement que de fureur et, au travers de l'un et de l'autre, il sentait encore, malgré lui, une douleur où la tendresse avait quelque part.

Il s'arrêta dans une maison qui se trouva sur son chemin, où il passa plusieurs jours, agité et affligé, comme on peut se l'imaginer. Il pensa d'abord tout ce qu'il était naturel de penser en cette occasion; il ne songea qu'à faire mourir sa femme, mais la mort du prince de Navarre et celle de La Lande, qu'il reconnut aisément pour le confident, ralentit un peu sa fureur. Il ne douta pas que sa femme ne lui eût dit vrai, en lui disant que son commerce n'avait jamais été soupçonné; il jugea que le mariage du prince de Navarre pouvait avoir trompé tout le monde, puisqu'il avait été trompé lui-même. Après une conviction si grande que celle qui s'était présentée à ses yeux, cette ignorance entière du public pour son malheur lui fut un adoucissement; mais les circonstances, qui lui faisaient voir à quel point et de quelle manière il avait été trompé, lui perçaient le cœur, et il ne respirait que la vengeance. Il pensa néanmoins que, s'il faisait mourir sa femme et que l'on s'aperçût qu'elle fût grosse, l'on soupçonnerait aisément la vérité. Comme il était l'homme du monde le plus glorieux, il prit le parti qui convenait le mieux à sa gloire et résolut de ne rien laisser voir au public. Dans cette pensée, il envoya un gentilhomme à la comtesse de Tende, avec ce billet :

« *Le désir d'empêcher l'éclat de ma honte l'emporte présentement sur ma vengeance; je verrai, dans la suite, ce que j'ordonnerai de votre indigne destinée. Conduisez-vous comme si vous aviez toujours été ce que vous deviez être.* »

La comtesse reçut ce billet avec joie: elle le croyait l'arrêt de sa mort et, quand elle vit que son mari consentait qu'elle laissât paraître sa grossesse, elle sentit bien que la honte est la plus violente de toutes les passions. Elle se trouva dans une sorte de calme de se croire assurée de mourir et de voir sa réputation en sûreté; elle ne songea plus qu'à se préparer à la mort; et, comme c'était une personne dont tous les sentiments étaient vifs, elle embrassa la vertu et la pénitence avec la même ardeur qu'elle avait suivi sa passion. Son âme était, d'ailleurs, détrompée et noyée dans l'affliction: elle ne pouvait arrêter les yeux sur aucune chose de cette vie qui ne lui fût plus rude que la mort même: de sorte qu'elle ne voyait de remède à ses malheurs que par la fin de sa malheureuse vie. Elle passa quelque temps en cet état, paraissant plutôt une personne morte qu'une personne vivante. Enfin, vers le sixième mois de sa grossesse, son corps succomba, la fièvre continue lui prit et elle accoucha par la violence de son mal. Elle eut la consolation de voir son enfant en vie [1], d'être assurée qu'il ne pouvait vivre et qu'elle ne donnait pas un héritier illégitime à son mari. Elle expira elle-même peu de jours après et reçut la mort avec une joie que personne n'a jamais ressentie; elle chargea son confesseur d'aller porter à son mari la nouvelle de sa mort, de lui demander pardon de sa part et de le supplier d'oublier sa mémoire, qui ne lui pouvait être qu'odieuse.

Le comte de Tende reçut cette nouvelle sans

inhumanité, et même avec quelques sentiments de pitié, mais néanmoins avec joie. Quoiqu'il fût fort jeune, il ne voulut jamais se remarier, et il a vécu jusqu'à un âge fort avancé.

NOTES

HISTOIRE DE MADAME
HENRIETTE D'ANGLETERRE

Page 19.

1. Cette œuvre fut publiée en 1720 bien après la mort de l'auteur. Ceci explique la grande liberté dont use l'auteur, non seulement à l'égard de Monsieur mais à l'égard du roi et de toute la cour.

Page 25.

1. Mazarin avait triomphé de la Fronde pendant la minorité de Louis XIV (1648-1652). Il est vrai qu'il avait en grande partie provoqué lui-même ces troubles par son impopularité. La première Fronde — dite parlementaire — et marquée par l'arrestation du conseiller Broussel ainsi que par l'édification de barricades qui devaient faire école, se termina par la Paix de Rueil, mais fut certainement à l'origine de l'agitation des parlements qui intervint au XVIIIᵉ siècle et contribua fortement à la révolution. La deuxième Fronde — dite Fronde des Princes vit entre autres l'étonnante action de la duchesse de Longueville dont on aimerait voir les mémoires réédités de même que ceux de la duchesse de Montpensier (la Grande Mademoiselle), autre frondeuse qui écrivit en outre un roman, *La Princesse de Paphlagonie* et un ouvrage intitulé : *Galerie de Portraits*.

Page 26.

1. Cette phrase montre bien le sens originel du mot « maîtresse ».

Page 27.

1. Ceci est bien marqué dans les Mémoires de Louis XIV.

Page 28.

1. Gabrielle d'Estrées, marquise de Monceau, duchesse de Beaufort rencontra Henri IV en 1590 à Cœuvres où le prince campait. Elle épousa Nicolas d'Amerval, seigneur de Liancourt mais elle le quitta bientôt pour vivre avec le roi et obtint même de l'Official d'Amiens l'annulation de son mariage en 1598. Ce qui est plus curieux c'est que Henri IV, de son côté demanda également l'annulation de son mariage avec Marguerite de Valois (la reine Margot, auteur de mémoires réédités au *Mercure de France* en 1971), dans l'espoir d'épouser Gabrielle dont il avait deux fils, César et Alexandre de Vendôme. Mais la providence des monarchies veillait : Gabrielle mourut brutalement en 1599, sans doute empoisonnée par les ordres du grand duc de Toscane et après avoir mangé une orange dans la maison du financier Zamet. Gabrielle est morte à 26 ans dans d'horribles souffrances. Néanmoins, elle avait apporté l'idée que le roi pouvait épouser sa maîtresse.

Page 29.

1. Marie-Thérèse, infante d'Espagne, fille de Philippe IV. On comprend d'après le récit qu'elle était très jalouse du roi, tout comme la reine qui apparaît dans *La Princesse de Clèves.*

Page 30.

1. Cette remarque fait comprendre que Madame de La Fayette souffrait de la hiérarchie étouffante qui régnait à la cour.

Page 31.

1. La comtesse de Soissons fut plus tard compromise dans l'affaire des poisons.

Page 33.

1. L'extraordinaire vanité de Louis XIV apparaît clairement malgré la modération de l'expression.

Page 36.

1. Autrement dit : la bêtise pourrait être un atout chez une femme...

Page 37.

1. et 2. Ici apparaît l'humour froid de l'auteur.
3. Françoise Athénaïs de Rochechouart (1641-1707) eut 8 enfants du roi Louis XIV dont cinq vécurent au delà de l'enfance : le duc du Maine et le comte de Toulouse (dont il est parlé dans Saint-Simon) et mesdemoiselles de Nantes de Tour et de Blois.

Pendant ce temps-là, son mari, le marquis de Montespan, se promenait vêtu de noir en disant qu'il « portait le deuil de son honneur », ce qui ne l'empêcha pas d'accepter une solide pension du roi. Lorsque la marquise eut cessé de plaire, on cessa de l'inviter aux fêtes et on lui retira son appartement à Versailles. De son côté, son mari refusa de la recevoir. La marquise se livra alors à la dévotion et mourut à Bourbon l'Archambault en 1707.

Page 39.

1. Marie Mancini a été jouée à la fois par le cardinal Mazarin et par le roi. Le système viril consiste souvent à remplacer les sentiments par les formes...

2. Henriette-Anne Stuart (1644-1670) dite Henriette d'Angleterre était très liée avec l'auteur qu'elle avait rencontré au couvent de Chaillot. Je ne serais pas étonnée qu'elle ait servi de modèle non seulement à la princesse de Montpensier mais à la reine dauphine de la *Princesse de Clèves*.

Page 43.

1. Nous avons conservé l'orthographe originale, mais ce nom est parfois écrit *Guiche*.

Page 44.

1. Selon Tallemant des Réaux, Anne d'Autriche, toute reine de France qu'elle ait été, a manqué d'être violée par le duc de Buckingham qui avait acheté ses femmes.

Page 46.

1. Madame de La Fayette se place elle-même dans son récit. C'est certainement par bienséance et non par orgueil qu'elle parle d'elle-même à la troisième personne. Elle qualifie son propre mérite de *sérieux*. C'est exactement l'impression qu'on retire de ses œuvres.

Page 49.

1. A cet exposé, on comprend tout de suite le destin qui attend La Vallière : le Carmel en 1674...

2. On voit ici tout le caractère du comte de Guiches.

Page 50.

1. On trouve des détails semblables dans *La Princesse de Montpensier*.

Notes

Page 52.

1. Rapprochement entre le public et le privé qui se retrouve dans *La Princesse de Montpensier*.

Page 53.

1. La dissimulation était habituelle chez le roi, mais l'auteur la censure avec discrétion.

Page 54.

1. C'est-à-dire sans formes légales.
2. Le procès de Fouquet est raconté dans les lettres de Mme de Sévigné.

Page 55.

1. L'indiscrétion des hommes joue un grand rôle dans l'œuvre de Madame de La Fayette.
2. On a compris que Monsieur était homosexuel et avait des prétentions plutôt que des liaisons véritables.

Page 56.

1. Puy-Guilhem, plus tard duc de Lauzun. Il est encore parlé de lui dans les *Mémoires de la cour de France* de Mme de La Fayette. De son côté Mme de Sévigné, dans une lettre célèbre, raconte le mariage manqué de la grande Mademoiselle et de Lauzun. (Le roi s'y était opposé pour des raisons financières.) Ce mariage eut tout de même lieu beaucoup plus tard, mais Lauzun devint d'une insolence si extrême que sa femme, qui avait une véritable passion pour lui, le mit à la porte un jour qu'il lui demandait de lui retirer ses bottes...
2. Il est difficile de déterminer si Monsieur est jaloux du comte de Guiches par Madame ou de Madame par le comte de Guiches...

Page 60.

1. *Hasard* est ici dans son sens anglais de *danger*.

Page 67.

1. Ce rendez-vous surpris par le mari se retrouve dans *La Princesse de Montpensier*.

Page 75.

1. C'est par cette personne que l'auteur connut son mari.

Page 78.

1. Cette situation se retrouve dans *La Princesse de Montpensier*.
2. Grand ami de l'auteur qui a été informé de près.

Page 82.

1. On se perd dans ces noires intrigues... Elles ont toutefois le mérite de montrer la matière première utilisée par Madame de La Fayette.

Page 85.

1. C'est la rencontre des deux femmes qui permet que Vardes soit confondu. On comprend aussi combien Madame était restée bonne et honnête au milieu de tant de malveillances.

Page 89.

1. Il y a ici un amour-estime qui tranche singulièrement avec toutes les intrigues environnantes.

Page 91.

1. La Bastille ne paraît pas avoir été si horrible... En tous cas pas pour tout le monde...

Page 92.

1. On voit ici comment la politique et l'amour se mêlent non plus métaphoriquement mais réellement.

Page 93.

1. Il semble qu'ici, Madame s'adresse directement à l'auteur qui a transcrit ses notes.
2. Cette passion aura certainement été véritable et vraiment tragique.
3. Il s'agit de la paix de Douvres. On n'a pas hésité, pendant longtemps, à utiliser les femmes comme négociatrices. Il y a de cela plusieurs exemples, en particulier le Traité de Cambrai (1529) négocie par Louise de Savoie au nom de François Ier et Marguerite d'Autriche au nom de Charles-Quint. Ce traité porte le nom de *Paix des Dames*. Cette situation paraît avoir duré tant que la notion de l'état a été mêlée à celle de la famille et de la propriété privée. C'est au moment où les idées de patrie et de nation apparaissent, c'est-à-dire avec la révolution et l'Empire, que les femmes sont éliminées entièrement des affaires publiques.

Page 94.

1. Cette mort frappa beaucoup la cour. A cette occasion. Bossuet écrivit le fameux sermon que nous avons tous appris à

l'école et qui commence par : « Madame se meurt, Madame est morte... »

Page 97.

1. On verra que ce récit très exact où l'auteur n'a négligé aucun des détails matériels qui rendent parfois la mort non seulement terrible mais ridicule, atteint, peut-être pour cela, une grandeur véritablement classique.

2. Il est clair que l'auteur a soupçonné Monsieur du crime, s'il y en a eu un, ce dont on doute aujourd'hui.

Page 103.

1. Madame fait sa cour même à l'article de la mort. On voit combien le système politique affecte profondément l'esprit.

2. Perdre la tramontane : perdre l'esprit. Les médecins de la cour sont tout semblables à ceux de Molière.

Page 104.

1. Retiré : rétréci. Pour la première fois, Madame de La Fayette dit : je. Cette exception à ses règles d'expression littéraire rend la narration à la fois plus étonnante et plus intime.

Page 114.

1. On voit ici toute la mesquinerie de Monsieur.

LA PRINCESSE DE MONTPENSIER

Page 123.

1. Renée d'Anjou, demoiselle de Mézières a réellement existé. Elle est née en 1550 et a épousé en 1566 François de Bourbon duc de Montpensier. Cependant, l'histoire qu'on va lire ne lui est jamais arrivée ainsi qu'en témoigne le petit texte qui précède la nouvelle. Celle-ci ferait cependant allusion à un fait contemporain de l'auteur : la passion qu'inspira le comte de Guiche à Madame.

Page 124.

1. Champigny-sur-Veude (Indre et Loire). Il est vrai qu'il s'agit d'une époque peu sûre où la France est troublée par les guerres de religion, mais l'ennui de la princesse reléguée dans ce lieu solitaire est visible dès le début de la nouvelle.

Page 127.

1. Cette opposition montre à quel point le sentiment que le prince éprouve pour sa femme existe uniquement par rapport à lui-même alors que celui qu'il éprouve pour le comte de Chabanes est vraiment amical.

Page 128.

1. Il se peut aussi que la « passion » du comte de Chabanes ne soit pas ce qu'on appelle communément une passion.

Page 129.

1. Cette métaphore est la clef de l'histoire.

Page 130.

1. Comme elle-même va être prise au filet.

Page 131.

1. Surpris qu'une femme belle puisse aussi être intelligente.

Page 136.

1. Le passage entre crochets a été reconstitué par Mr André Beaunier. Madame de La Fayette s'était en effet plainte à Ménage d'une « faute épouvantable » à la 58e page du texte paru en 1662. Nous croyons cependant devoir donner le texte original : « Le duc d'Anjou, de son côté, n'oubliait rien pour lui témoigner son amour en tous lieux où il la pouvait voir, et il la suivait continuellement chez la reine, sa mère. La princesse, sa sœur, de qui il était aimé, en était traitée avec une rigueur capable de guérir toute autre passion que la sienne... »

S'il y a eu coquille, elle est drôle : la sœur du prince était Marguerite de Valois, la fameuse reine Margot, connue pour ses relations incestueuses avec son frère, Henri III, alors duc d'Anjou. C'est à Marguerite de Valois qu'est arrivé en vérité une partie de l'histoire attribuée à la princesse de Montpensier : se trouver coincée entre le duc d'Anjou et le duc de Guise, jaloux l'un de l'autre.

Page 139.

1. Les deux hommes portent le même costume et le même masque au point d'être interchangeables *parce qu'ils jouent le même rôle*. En outre, on voit que des princes n'hésitent pas à se déguiser en Maures c'est-à-dire en Noirs. Le racisme à l'endroit des Noirs est très récent et paraît être lié à la colonisation.

Page 140.

1. On sait en effet que plus tard, le 23 décembre 1588, le duc de Guise fut assassiné sur l'ordre du duc d'Anjou devenu Henri III.

2. Historique, la colère du duc d'Anjou est généralement expliquée par la passion qu'il portait déjà à sa sœur.

Page 147.

1. Cette ellipse qui évoque le style de Perrault en dit long sur la prétendue passion du duc de Guise.

Page 155.

1. La trahison politique est à l'image de la trahison amoureuse.

Page 156.

1. Il me semble que c'est la seule passion vécue et durable qui apparaisse dans l'œuvre de Mme de La Fayette. Elle est racontée en cinq lignes.

2. L'infidélité du duc de Guise annonce déjà celle du duc de Nemours qui retournera dans le monde après la mort de la princesse de Clèves.

Page 157.

1. La princesse de Montpensier meurt de la même mort que la princesse de Clèves.

A lire sur *La Princesse de Montpensier*.
Dina Lanfredini, « Varieta : originalita della » « princesse de Montpensier di Mme de La Fayette », Revista di Letterature moderne e comparate, guigno 1960).

LA COMTESSE DE TENDE

Page 161.

1. Clarisse Strozzi fille de Pierre Strozzi, maréchal de France, avait épousé le comte de Tende en 1560. C'est donc un personnage qui a existé, mais l'histoire est imaginaire. On suppose que Madame de La Fayette a choisi une Italienne pour pouvoir montrer une femme passionnée et spontanée ce qui était probablement introuvable à la Cour de France.

2. Celle-ci est imaginaire.

Page 163.

1. Ici Madame de La Fayette étudie les sentiments de deux femmes qui aiment le même homme et qui s'aiment entre elles. C'est la nouveauté par rapport à *La Princesse de Montpensier*, où les deux femmes, la princesse et Madame s'ignorent réciproquement.

Page 165.

1. Ici on comprend pleinement l'horreur des mariages d'intérêt. Il me semble que c'est la première fois que Madame de La Fayette s'exprime aussi clairement sur ce sujet.

Page 174.

1. Après le véritable scandale causé par l'aveu de la princesse de Clèves, Madame de La Fayette a-t-elle voulu montrer, comme l'ont cru plusieurs auteurs, que, dans certains cas, l'aveu était inévitable?

Page 176.

1. On voit jusqu'où mène l'aliénation dans les valeurs viriles.

Achevé d'imprimer en décembre 1979
sur les presses de l'Imprimerie Bussière
à Saint-Amand (Cher)

Dépôt légal : 4e trimestre 1979.
No d'impression : 1943.
Imprimé en France